高山先生の若手スタッフシリーズ

改訂版 インボイスの気になる点がサクッとわかる本

税理士
高山 弥生 著

INVOICE

税務研究会出版局

" 改訂にあたって "

　本書「インボイスの気になる点がサクッとわかる本」は、前著「消費税＆イン
ボイスがざっくりわかる本」ではカバーしきれていないインボイスの実務的な知
識を身に付けられるようにという思いで執筆しました。

　幸いにも若手スタッフの方を始め、インボイス実務をサクッと把握したいとい
う方にご支持をいただいたこと、令和４年 11 月に国税庁「インボイス制度に関
する Q&A」が改訂されたこと、令和５年度税制改正に対応すべく改訂版の出版
をすることになりました。

　こちらの本を読み終えたら、姉妹書の「消費税＆インボイスがざっくりわかる
本」も続けて読んでみてください。そうすることで、インボイスの制度面、と実
務面の両方が身に付きます。

　なるべくわかりやすく書いたつもりですが、足りない部分も多分にあるかと思
います。この本を手に取ってくださった所長先生やベテランスタッフの方々には、
この本を読んでいる若手スタッフがいたら、彼ら彼女らが理解できるよう、サポー
トをしていただけたら幸甚です。

　この本が、手に取ってくださった皆様のお役に立ちますように。

令和５年３月

　　　　　　　　　　　　　　　　　　　税理士　高山　弥生

" はじめに（初版）"

　インボイス制度スタートまであと1年となりました。インボイス制度についての書籍やセミナーなども増え、情報が徐々に出回ってきています。

　最近は国税庁のQ&Aも充実していますが、国税庁のインボイスQ&Aは100問以上もあり、令和4年4月28日に改訂されたばかりです。税理士事務所のスタッフには通常の業務に加えて毎年の税制改正もあり、インボイスだけに時間を割くわけにもいきません。セミナーを受ける時間の確保も厳しく、特に若手スタッフは国税庁のQ&Aを読んでもどのような取引のことを指しているのか具体的な事例が思い浮かびにくく、難しいと感じるのではないでしょうか。

　そこで本書では、「カフェでの読書がOJT」を目指して、いつもの会話形式で梅沢先輩が松木さんと竹橋くんにレクチャーする形をとり、具体的な取引が思い浮かべやすいように媒介者交付特例や代理交付、端数処理、積上げ計算と割戻し計算などをわかりやすく解説しています。前著の「消費税&インボイスがざっくりわかる本」では制度について説明しましたので、本書と合わせて読んでいただくと、よりご自身の担当する企業にどのような影響があるのか想像しやすくなりますし、これらを読んでから国税庁のQ&Aや他の先生方がお書きになった専門書を読んだり、セミナーなどを受講すると理解しやすくなります。勉強するんだ、と気負わずに、気を楽にして読んでいただきたいと思います。

　今回も、たくさんの方のお力添えをいただきました。いつも私のわがままを聞いてくださり、渾身のサポートをしてくださる税務研究会出版局局長　中村隆広様、田中真裕美様、シリーズ全作品のご相談に乗っていただいている花島恵様、徳永潤子様、お忙しいにも関わらず、快くアドバイスをくださった税理士の小島孝子様、税理士の栗原洋介様、税理士の吉羽恵介様、税理士の大塚健一郎様、本当にありがとうございました。心より感謝申し上げます。

　この本が、読んでくださった皆様の業務の一助になることを願って。

　令和4年7月

税理士　高山　弥生

キャラクター紹介

松木 ひとみ

28歳。大学卒業後、一般企業に勤めていたが、税理士を志し、山田税理士事務所に入所。大学時代に簿記を勉強していたこともあり、一般企業で働きながら簿記論と財務諸表論に合格した頑張り屋さん。仕事と勉強の両立に苦労しつつも法人税法にも合格した。

竹橋 ふみや

28歳。大学の経営学部を卒業した後、アルバイトをしながら勉強し、簿記論、財務諸表論、消費税法、相続税法に合格している。頭は良いが、ときどき本音が出てしまう。

梅沢 みきひさ

46歳。税理士になって15年以上のベテラン税理士。松木さんと竹橋くんの教育係。

目　次

凡　例

新消法……………… 所得税法等の一部を改正する法律（平成 28 年法律第 15 号）
　　　　　　　　　　　及び所得税法等の一部を改正する法律（平成 30 年法律第 7 号）
　　　　　　　　　　　による改正後の消費税法

新消令……………… 消費税法施行令等の一部を改正する政令（平成 30 年政令第
　　　　　　　　　　　135 号）による改正後の消費税法施行令

新消規……………… 消費税法施行規則等の一部を改正する省令（平成 30 年財務省
　　　　　　　　　　　令第 18 号）による改正後の消費税法施行規則（昭和 63 年大
　　　　　　　　　　　蔵省令第 53 号）

国税庁 Q&A ……… 消費税の仕入税額控除制度における適格請求書等保存方式に関
　　　　　　　　　　　する Q & A

インボイス通達…… 消費税の仕入税額控除制度における適格請求書等保存方式に関
　　　　　　　　　　　する取扱通達

本書は、令和 5 年 3 月 10 日現在の法令等に基づいています。

また、文中の意見部分は私見が含まれます。

文中の「前著」は「〈改訂版〉消費税＆インボイスがざっくりわかる本」（税務研究会出版局）を指します。

第1章

...

請求書ベースでいくのか？
納品書ベースでいくのか？

INVOICE

プロローグ

インボイス制度がスタートする令和5年10月まで、もうすぐだね。

とりあえず、今後も課税事業者だろう関与先には登録しちゃいましょう、って登録を済ませたのだけど、インボイス制度を説明すると「商売やめろっていうのか」と怒ってしまうお客様もいたわ。

うわ、大変だったね。まあでも気持ちもわからなくもないよ。免税事業者は売上げに消費税をくっつけて請求できなくなるだろうし（前著P19参照）、課税事業者は免税事業者から仕入れると10%コストが増えるんだから（前著P7参照）。

あと、旧姓でお仕事をしているお客様がいらしたから、公表事項の公表（変更）申出書を出して登録名を変更しようとしたら、通称や旧姓を使いたい場合、住民票に併記されている場合に限るらしくて、そっちから対応しなきゃで手間だったのよね。

へえ、そうなんだ。

いざ申出を書くときに気づいたのよ。「住民票に併記されている通称又は旧姓（旧氏）に限る」って書いてあるの。

適格請求書発行事業者の公表事項の公表（変更）申出書

適格請求書発行事業者の公表事項の公表（変更）申出書

収受印			
令和　年　月　日	申出者	（フリガナ）	
		納　税　地	（〒　－　） （電話番号　　－　　－　　）
		（フリガナ）	
		氏名又は名称及び代表者氏名	
◯◯税務署長殿		法人番号	※　個人の方は個人番号の記載は不要です。
		登録番号	T

国税庁ホームページの公表事項について、下記の事項を追加（変更）し、公表することを希望します。

新たに公表する事項			
	新たに公表を希望する事項の□にレ印を付し記載してください。		
	個人事業者	□ 主 た る 屋 号 　[複数ある場合 　任意の一つ]	（フリガナ）
		□ 主 た る 事 務 所 　の 所 在 地 等 　[複数ある場合 　任意の一箇所]	（フリガナ）
		□ 通　称 □ 旧姓（旧氏）氏名 　[住民票に併記されている 　通称又は旧姓（旧氏）に限る]	いずれかの□にレ印を付し、通称又は旧姓（旧氏）を使用した氏名を記載してください。 □ 氏名に代えて公表　（フリガナ） □ 氏名と併記して公表
	人格のない社団等	□ 本店又は主たる 　事務所の所在地	（フリガナ）

変更の内容			
	既に公表されている上記の事項について、公表内容の変更を希望する場合に記載してください。		
	変 更 年 月 日	令和　　年　　月　　日	
	変 更 事 項	（個人事業者）　□ 屋号　□ 事務所の所在地等　□ 通称又は旧姓（旧氏）氏名 （人格のない社団等）　□ 本店又は主たる事務所の所在地	
	変 更 前	（フリガナ）	
	変 更 後	（フリガナ）	

※　常用漢字等を使用して公表しますので、申出書に記載した文字と公表される文字とが異なる場合があります。

参 考 事 項	
税 理 士 署 名	（電話番号　　－　　－　　）

※税務署処理欄	整 理 番 号		部 門 番 号					
	申 出 年 月 日	年　月　日	入 力 処 理	年　月　日	番 号 確 認			

注意　1　記載要領等に留意の上、記載してください。
　　　2　税務署処理欄は、記載しないでください。

インボイス制度

住民票に旧姓を併記ってどうやるの？

総務省がこんなリーフレットを作っていたわ。

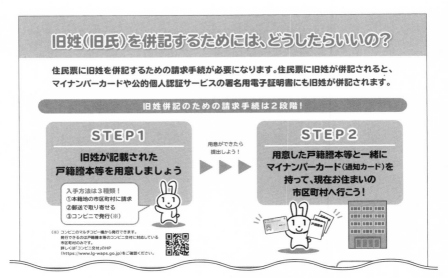

（出典：総務省「旧氏併記に関するリーフレット」）

戸籍謄本があればいいんだね。

そうなの。でも、税務署へ申出書を出す前にお客様にワンアクションお願いする羽目になっちゃって、忙しいのに申し訳なかったわ。

やってみなきゃわかんないことって、あるよね。

 そうなんだけど、もっとちゃんと申出書を読んでおけばよかった。でも、インボイス制度がスタートしてから、「そうだったのね！」なんてやってたら遅いじゃない？

 確かに。松木さん、ちょっと時間ある？　ちょうど今、インボイス制度が始まったときにこの請求書でいけるのかな、って見ていたんだよね。ふたりでインボイス制度について予習しようよ。

 あらほんと？　嬉しいわ。竹橋先生、よろしくお願いします。

01 組み合わせで「インボイス」

『家賃のインボイスってどうするの？』

インボイス制度って、キッチキチかと思ったら、意外に緩そうで安心したよ。「適格請求書」って書いてなくてもいいんだから。

そうね。一瞬、日本全国統一の様式になるのかと思ったんだけど、現行の区分記載請求書にちょっと加えるだけ、だものね。

現行の区分記載請求書等保存方式

※インボイス制度までの4年間における暫定的な仕入税額控除方式

【～2023年9月】

イメージ

```
          請求書
〇〇(株)御中        (株)△△

●年■月分  請求金額
               43,600円
■月1日  割りばし    550円
■月3日  牛 肉※  5,400円
          :
          合 計  43,600円
     (10%対象  22,000円)
     ( 8%対象  21,600円)
※は軽減税率対象
```

【記載事項】
①請求書発行者の氏名又は名称
②取引年月日
③取引の内容
④**税率ごとに区分して合計した対価の額(税込)**
⑤**軽減税率の対象品目である旨**
⑥請求書受領者の氏名又は名称

ポイント
・受領した請求書に④・⑤の事項がなければ自ら"追記"が可能
・**免税事業者でも発行可能**
・区分記載請求書の"交付義務"はない

適格請求書等保存方式(インボイス制度)

イメージ

```
          請求書
〇〇(株)御中
          (株)△△(T1234…)
●年■月分  請求金額
               43,600円
■月1日  割りばし    550円
■月3日  牛 肉※  5,400円
          :
          合 計  43,600円
10%対象22,000円
   内税 2,000円
8%対象21,600円
   内税 1,600円
※は軽減税率対象
```

【2023年10月～】

【記載事項】
区分記載請求書に以下の事項が追加されたもの

①**登録番号**
《課税事業者のみ登録可》
②**適用税率**
③**消費税額**

ポイント
・交付するインボイスは、これまでの**請求書**や領収書に記載事項を追加するイメージ（受領者による"追記"は不可）
・**免税事業者は発行不可**（発行するには課税事業者となり税務署長に登録を受ける必要）
・登録した事業者は、買い手の求めに応じて**インボイス交付業務・写しの保存義務が発生**

（財務省資料）

（出典：日本税理士会連合会ホームページ）

手書きでも OK（国税庁 Q&A 問 26）だし。
ってことは、今の請求書の不足事項をハンコで追加してもいい
わけでしょ。

事務所家賃を支払ったときにインボイスを毎回もらわなくちゃ
いけないのかと思ったけれど、ひとつの書類で全ての記載事項
を満たす必要もないから、**通帳と契約書の組み合わせで記載事
項が満たせれば今まで通りもらわなくていいみたいだし**（国税
庁 Q&A 問 56、85）。

インボイスの記載事項を契約書と通帳で満たすには

① インボイス発行事業者の氏名又は名称及び登録番号← 契約書
② 課税資産の譲渡等を行った年月日← 通帳
③ 課税資産の譲渡等に係る資産又は役務の内容（課税資産の譲渡
　等が軽減対象資産の譲渡等である場合には、資産の内容及び軽減
　対象資産の譲渡等である旨）← 契約書
④ 課税資産の譲渡等の税抜価額又は税込価額を税率ごとに区分し
　て合計した金額及び適用税率← 契約書
⑤ 税率ごとに区分した消費税額等← 契約書
⑥ 書類の交付を受ける事業者の氏名又は名称← 契約書、通帳の口
　座名義

とは言っても、今の契約書に登録番号は書いてないから契約書
作り変えないといけないのかな？

作り直す必要はないみたいよ。登録番号をもらって、
契約書と一緒に保存しておけばいいんですって。

じゃあ、登録通知書のコピーでももらっておけばいいんだ。

適格請求書発行事業者の登録通知書

納税地	０００－００００ 埼玉県さいたま市○○区△△０丁目０－０
氏名	○○　○○　　　　　　　　　　　　　　　　殿

関イ　　第　　000000　号

令和　4 年 11 月 15 日

浦和　　　税務署長
　　　　　財務事務官
　　　　　　△△　△△

適 格 請 求 書 発 行 事 業 者 の 登 録 通 知 書

　あなた から令和　4 年 11 月　1 日付で提出された適格請求書発行事業者の登録申請に基づき、以下の通り登録しましたので、通知します。

登録年月日	令和　5 年 10 月　1 日
登録番号	Ｔ 0 0000 0000 0000
氏名	○○　○○
	以下余白

66 インボイスは求められたら交付 99

 登録番号さえわかればいいんだからそのものをもらう必要はないわよ。大家さんが登録しているのかという問題があるけれど。

 そうだった。
じゃあ、大家さんに「登録してますか？」って聞くの？

 登録してるか聞くんじゃなくて、「登録番号ください」じゃない？　本来なら「インボイスください」って言うべきなんだろうけど、家賃だと組み合わせのケースが多いだろうから。
インボイスは交付を求められたら、交付しなきゃいけないのよ。

新消費税法第 57 条の 4 第 1 項

　適格請求書発行事業者は、国内において課税資産の譲渡等（……）を行つた場合（……）において、当該課税資産の譲渡等を受ける他の事業者（……）から次に掲げる事項を記載した請求書、納品書その他これらに類する書類（以下この条から第 57 条の 6 までにおいて「適格請求書」という。）の**交付を求められたときは**、当該課税資産の譲渡等に係る**適格請求書を当該他の事業者に交付しなければならない。**

 ちょっと聞きにくいなあ。
「セコムしてますか？」ならいくらでも聞けるんだけど。

 竹橋くん、古いわよ、それ……。
管理会社に言えばもらってくれるんじゃない？

管理会社も大変だ🌀

そのための管理会社でしょ？

ドライだね、松木さん。

そうかしら？　これから入居する事業主は、大家さんがインボイス発行事業者かどうかチェックすると思うの。管理会社は大家さんがインボイス発行事業者かどうか知っておく必要があるんじゃないかしら。

66 ホームページでの登録番号公開は交付になる？ 99

それもそうだね。管理会社も知っておかなきゃ。

賃料の消費税額は馬鹿にならないもの、不動産屋の広告に「インボイス物件！」とか出るようになったりするかもしれないわね。

そうだ！　ちょうだいって言う方も心苦しいし、大家さん側も言われてイチイチ交付するのも大変だろうから、管理会社のホームページとか、大家さんのホームページで登録番号を公表すればいいんじゃない？　契約書とホームページでインボイス。

インボイスって、相手から交付を求められたら交付しなきゃいけないってあるじゃない？　ホームページで公開しているのは当該他の事業者に交付したとは言えないって、本に書いてあったわよ（「消費税インボイス制度の実務とQ&A」池永　晃造　編著　大蔵財務協会）。

 ホームページでの公開はダメか 💧

02 何をインボイスとするのか

❝ 消費税額等の端数処理 ❞

その組み合わせのせいで、注意しなくちゃいけないところもあるんだよ。

あら、そうなんですか？

インボイス制度になったら、消費税額等の端数処理はどうしたっけ？

1つのインボイスについて、税率ごとに1回の端数処理です。商品ごとの端数処理は認められないので、例えば右の請求書はダメですよね（国税庁 Q&A 問 48）。

○（左側の請求書）

請求書

○○様御中
登録番号 T12345…
　　　　　　　　　　　　　　　　△△商店
　　　　　　　　　　　　　登録番号 T98765…

8月分合計　2,721 円

日付	品名	金額
8月1日	菓子＊	93
8月4日	ジュース＊	93
8月15日	菓子＊	93
8月23日	雑貨	2,200
仕入金額合計（税抜）		2,479
10% 対象	2,420	うち消費税 220
8% 対象	301	うち消費税 22

＊は軽減税率対象商品

×（右側の請求書）

請求書

○○様御中
登録番号 T12345…
　　　　　　　　　　　　　　　　△△商店
　　　　　　　　　　　　　登録番号 T98765…

8月分合計　2,720 円

日付	品名	金額	税込金額
8月1日	菓子＊	93	100
8月4日	ジュース＊	93	100
8月15日	菓子＊	93	100
8月23日	雑貨	2,200	2,420
仕入金額合計（税抜）		2,479	2,720
10% 対象		2,420	うち消費税 220
8% 対象		300	うち消費税 21

＊は軽減税率対象商品

66 納品書だってインボイス 99

> その通り。
> それを念頭において、次の納品書と請求書を見てごらん。

納品書 1		R6.6.1
品名		金額
パン＊		3,330
お手拭き		600
8% 対象	3,330 円	消費税 266 円
10% 対象	600 円	消費税 60 円
合計		4,256 円
＊は軽減税率対象商品		
○○商事㈱		

納品書 2		R6.6.15
品名		金額
牛乳＊		1,260
8% 対象	1,260 円	消費税 100 円
10% 対象	0 円	消費税 0 円
合計		1,360 円
＊は軽減税率対象商品		
○○商事㈱		

R6 年 6 月分　請求書		
品名		金額
パン＊　納品書 1		3,330
牛乳＊　納品書 2		1,260
お手拭き　納品書 1		600
8% 対象	4,590 円	消費税 366 円
10% 対象	600 円	消費税 60 円
合計		5,616 円
＊は軽減税率対象商品		
○○商事㈱		
登録番号 T1234…		

> 特に問題なさそうな気がするけど。

> 請求書単体を見るとどうなってる？

4,590円の8%は367.2円で切り捨てると367円。あれ？ でも366円って書いてある。

ここの会社の請求書の消費税額は納品書の合計値を持ってきているんだ。納品書ベースでの端数処理はOKだけど、請求書の消費税額は参考数値であって、法令上において記載を求めるインボイスの記載事項としての消費税額等ではない（国税庁Q&A問58）。

正しい端数処理の納品書と登録番号の書かれた請求書とで、組み合わせでインボイスとして扱うんだけど、請求書の金額をベースに仕訳入力したらどうなるかな？

消費税額が参考となっている請求書をベースにして仕訳入力してしまったら間違いなんじゃないんですか？

ついでに、組み合わせでインボイスだから、請求書ベースで入力して納品書を捨てちゃってたらインボイス保存もヤバイ。

そうだね、納品書も請求書も保存しておかないとね。

でもね、松木さん、請求書ベースで仕訳入力しても大丈夫なケースもあって、売上税額から控除する仕入税額の計算方法で「帳簿積上げ計算」を採用すれば、必ず端数処理があっている資料をベースに仕訳入力する必要はないんだ。帳簿積上げ計算だと請求書ベースで入力してOKということになる。

そうなんですね、請求書ベースで仕訳入力していいなら、入力する仕訳本数が少なくなって助かります。納品書だと何枚にもなって入力が大変。

詳しくはあとで説明するけれど（P136）、仕入税額の計算方法には積上げ計算と割戻し計算があって、積上げ計算には適格請求書積上げ計算と帳簿積上げ計算がある。

インボイスに書いてある消費税額を積み上げて仕入税額とするのが適格請求書積上げ計算。

帳簿積上げ計算は税抜経理方式と考えていい。インボイスに書かれている消費税額を使わないから、インボイスではない請求書でも OK ということなんだろうね。

 とすると、納品書ベース、請求書ベースどちらで仕訳入力しても OK ということになりますね。

帳簿積上げ計算の場合はね。

 適格請求書積上げ計算の場合はダメですよね。やっぱり納品書ベースでいくのか、請求書ベースでいくのか確認が必要。

実務上、帳簿積上げ計算を採用する事業者がほとんどなんじゃないかな。

入力時に、何をもってインボイスとしているのかを帳簿積上げ計算なら考えなくていいってことですよね。

そういうことになるよね。でも、仕入税額控除をするにはインボイスの保存が要件だから気をつけてね。

じゃあ、ともかく納品書も請求書も全部取っておいて帳簿積上げ計算でやればいいんだ。

66 電子データと紙の組み合わせでインボイス 99

飲食店なんかは仕込みの最中に納品書を受け取っても汚れちゃうし、納品書はメールで欲しいな。メールならまた探せばいいし。

でも、電子データでもらった納品書と紙の請求書の組み合わせでインボイスって可能なのかしら？

それもアリだよ。国税庁 Q&A 問 63 では、日々の請求明細は EDI で、請求書は書面で交付の場合でも、両者組み合わせでインボイスを交付したことになるとされているから、受取り側もそれで OK。

だったら納品書はメールで。

でも、電子データの保存方法を守らないとね（国税庁 Q&A 問 91）。

そうだった。宥恕になったとはいえ、令和6年1月からは紙保存が認められなくなっちゃうんだもんね。

竹橋くんのいうように宥恕は令和6年1月1日から切れるんだけど、令和5年度税制改正で令和6年1月1日からは新たな猶予措置が設けられることになった。しかもこれは恒久的措置。

令和6年1月1日以後の猶予措置（令和5年度税制改正）

電子取引に係る電子データを保存要件に従って保存できなかったことにつき所轄税務署長が「相当の理由」があると認め、

税務調査での電子データのダウンロードの求め
及び
当該電子データの出力書面（整然とした形式及び明瞭な状態で出力されたもの）の提示又は提示の求め
に応じることができるようにしている場合

保存要件は不要で電子データの保存が認められる

66 登録日をまたぐインボイス 99

令和4年11月改訂の国税庁Q&Aで、短期前払費用の取扱いが明らかになったよ。

短期前払費用？ 支払った日から1年以内に受ける役務（サービス）提供の前払費用の額を継続してその支払った日の属する事業年度の損金の額に入れられる（法人税基本通達2−2−14）ってヤツですか？

そう。

法人税基本通達 2−2−14　短期の前払費用

　前払費用（一定の契約に基づき継続的に役務の提供を受けるために支出した費用のうち当該事業年度終了の時においてまだ提供を受けていない役務に対応するものをいう。以下 2−2−14 において同じ。）の額は、当該事業年度の損金の額に算入されないのであるが、法人が、前払費用の額でその支払った日から 1 年以内に提供を受ける役務に係るものを支払った場合において、その支払った額に相当する金額を継続してその支払った日の属する事業年度の損金の額に算入しているときは、これを認める。

（注）　例えば借入金を預金、有価証券等に運用する場合のその借入金に係る支払
　　　　利子のように、収益の計上と対応させる必要があるものについては、後段の
　　　　取扱いの適用はないものとする。

　短期前払費用か。消費税の課税仕入れの時期についても、消費税法基本通達 11−3−8 で法人税法上の処理に引きずられるってなってるよ。

消費税法基本通達 11−3−8　短期前払費用

　前払費用（一定の契約に基づき継続的に役務の提供を受けるために支出した課税仕入れに係る支払対価のうち当該課税期間の末日においていまだ提供を受けていない役務に対応するものをいう。）につき所基通 37−30 の 2 又は法基通 2−2−14 《短期前払費用》の取扱いの適用を受けている場合は、当該前払費用に係る課税仕入れは、その支出した日の属する課税期間において行ったものとして取り扱う。

ここで問題になるのが、令和5年10月1日をまたぐ場合。

例えば、3月決算法人が令和5年10月1日をまたぐ契約期間に係る保守サービス料を令和5年8月に一括で支払い、法人税法上で短期前払費用とする場合には、消費税もそれに引きずられていいんだから令和5年8月に仕入税額控除をすることになる。

この場合、インボイスの保存は必要？

いや、**契約期間に令和5年10月1日以後の期間が含まれているけれど、区分記載請求書等保存方式が適用される**よ（週刊税務通信 No3737 参照）。

へえ、インボイス制度スタート後の期間が含まれていてもインボイスじゃなくていいんだ。

月末締めではない、令和5年9月16日から10月15日分みたいな請求書は、9月16日から30日までの分は区分記載請求書で作成しなくちゃいけないんですか？（国税庁 Q&A 問67）。

登録日が令和5年10月1日なら、登録日を過ぎて初めて交付する請求書をインボイスにしておけば、取引先は登録日前後の課税仕入れの両方が仕入税額控除できるよ。

インボイス一枚で OK なんですね。

もし、登録日が令和5年10月2日だったらどうかな？

1日分、仕入税額控除できなくなってしまいます（国税庁Q&A問67）。

日数で按分するとかして、2日以降分から仕入税額控除だね。

課税事業者なら、しっかり令和5年10月1日から登録しないとイレギュラーな請求書を作らなくちゃいけなくなるし、取引先に迷惑をかけてしまいますね。

インボイス制度スタート前から契約している所有権移転外ファイナンスリースの賃貸借処理はどうなるんだろう？

所有権移転外ファイナンスリースとは

　リース期間終了後又はリース期間の中途で、リース物件の所有権が借り手に移転しないリース取引等のこと。つまり、借り手はリース期間終了後にリース物件をもらうことができない。原則として売買処理を行うが、中小企業会計指針においては賃貸借処理が認められており、リース会計基準においても少額の場合、賃貸借処理が認められている。法人税法上も賃貸借処理を行った場合、賃借料の計上が減価償却費の計上と認めているため、消費税法においてもリース料を支払うべき日の属する課税期間における課税仕入れ等とすることが認められている。

期首に所有権移転外リース契約をしたとする
全リース期間（5年間）リース料 550,000 円（税込）

【売買処理】

契約時	リース資産	500,000	/	リース未払金	550,000	売買処理の場合
	仮払消費税等	50,000				全額契約年度の
決算時	減価償却費	100,000	/	リース資産	100,000	課税仕入れ等

【賃貸借処理】

1年目	リース料	100,000	/	預金	110,000	賃貸借処理の場合
	仮払消費税等	10,000				リース料を支払うべき
2年目	リース料	100,000	/	預金	110,000	日の属する課税期間に
	仮払消費税等	10,000				課税仕入れ等とする

所有権移転外ファイナンスリースは、原則は売買処理で、即時
控除となる。本来は即時控除だったんだから、賃貸借処理を選
択して分割控除としても、令和5年10月より前に契約したリー
ス契約は区分記載請求書で令和5年10月以降も仕入税額控除
OK だよ。

第 **2** 章

•••

登録番号が
自社のものじゃない！？

01 売り手が請求書を作成しない？

66 仕入明細書をインボイスにする 99

 新しい制度を実務に落とし込むって、細かいところに気を配らなくちゃいけないんですね。

 そうなんだよ。他にも気を付けないといけないのが、仕入明細書だね（国税庁 Q&A 問 76）。

 仕入明細書？

 買い手側が、例えば 1 か月の間に仕入れた商品を一覧にした仕入明細書を作成するんだ。それが売り手の請求書の代わりになる。

 売り手じゃなくて買い手が作るなんて、変な感じ。

 これって、結構あることだよ。店が農家から野菜を仕入れたとき、たいていというかほぼ農家は請求書を作ってこない。だから、例えば 1 か月とか半年とかの間に仕入れた明細を店側が作って交付するんだ。

 国税庁 Q&A 問 77 の仕入明細書も、おそらく売り手側が請求書を作ってこないから、△△商店㈱がこの商品を仕入れましたよ、と明細を作って、それを証拠書類にする、という設定かな。

仕入明細書は買い手が作るから、相手方の確認が必要。「いつまでに誤りのある旨の連絡がない場合には記載内容のとおり確認があったものとします」とか一言書いておく必要があるよ。

仕入明細書の記載例

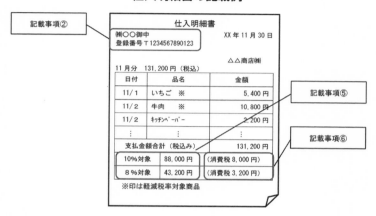

記載事項②

仕入明細書

㈱○○御中   XX 年 11 月 30 日
登録番号 T 1234567890123

△△商店㈱

11 月分　131,200 円（税込）

日付	品名	金額
11/1	いちご　※	5,400 円
11/2	牛肉　※	10,800 円
11/2	キッチンペーパー	2,200 円
⋮	⋮	⋮
支払金額合計（税込み）		131,200 円

10%対象	88,000 円	（消費税 8,000 円）
8％対象	43,200 円	（消費税 3,200 円）

※印は軽減税率対象商品

記載事項⑤

記載事項⑥

仕入明細書等の記載事項

①　仕入明細書の作成者の氏名又は名称
②　課税仕入れの相手方の氏名又は名称及び<u>登録番号</u>
③　課税仕入れを行った年月日
④　課税仕入れに係る資産又は役務の内容（課税仕入れが他の者から受けた軽減対象資産の譲渡等に係るものである場合には、資産の内容及び軽減対象資産の譲渡等に係るものである旨）
⑤　税率ごとに合計した課税仕入れに係る支払対価の額及び<u>適用税率</u>
⑥　<u>税率ごとに区分した消費税額等</u>

（注）　上記の記載事項のうち、②の登録番号を記載しないで作成した仕入明細書は、令和元年 10 月 1 日から令和 5 年 9 月 30 日（適格請求書等保存方式の開始前）までの間における区分記載請求書等として取り扱われます。

（出典：国税庁 Q&A 問77）

取引先の登録番号が必要

これって、支払通知書と同じだ。フリーランスにも使われてますよね？　イラストレーターとか。

24/02/28　1/1

支払通知書

〒151-0073
東京都渋谷区笹塚〇−〇−〇
西村　アキコ　様
T1234…

下記のとおりお支払い致します。2024年3月31日までに誤りのある旨の連絡がない場合には記載内容のとおり確認があったものとします。

支払方法	：	本社振込
銀行名	：	〇〇銀行
支店	：	笹塚
口座番号	：	1234567
口座名義	：	ニシムラアキコ

〒107-0052
東京都港区赤坂△−△−△
A社
T9876…

支払番号	担当部門	原価計算区分					
00000000	出版局	原稿料					
枚数	単価	税抜金額	消費税額(10%)	税込金額		源泉税額	差引支払額
	27,000	15,000	1,500	16,500		1,531	14,969
詳細							
"月刊マネジメント倶楽部 2024年2月号"　イラスト料							

土木関係でもよく見かけるわ。建築会社が、自社で建てたオーナー物件の植栽管理を請け負って下請けにやらせて、その下請けの個人事業主は、売上げを建築会社から来た支払通知書で計上してたわ。

そうだね、そっちの方が税理士事務所としては見る機会が多いかな。通常の取引では作業した方、つまり売り手が請求書を発行するんだけど。

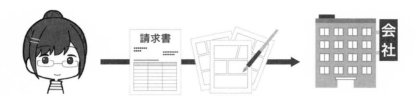

元請け会社（買い手）が大きくて、下請け会社（売り手）が個人のときに多いんだけど、売り手が請求書を発行しないんだ。買い手が仕入明細書でこれだけ作業してもらったよね、納品してもらったよね、と通知する。

フリーランスは、自分で請求書を発行しないというか、できない場合もあるし、業界的に仕入明細書や支払通知書が主流のこともある。買い手側は、来るかわからない請求書を待つよりも、自社側で管理できている仕入明細書で仕入税額控除したい。

これで仕入税額控除するには、売り手側の登録番号が必要となるから、買い手は売り手側の登録番号を教えてもらわないといけないんだ。

わ！　確かに！　売り手の請求書を代わりに作ってあげているんだから、売り手の登録番号が必要。登録番号って自社のものってイメージがありすぎて思いつかなかった

国税庁 Q&A 問 77 の（注）に書いてあるように、登録番号がなかったら区分記載請求書になっちゃうよ。

インボイスじゃなくなっちゃうのか　そりゃ大変だ。

インボイス制度では仕入税額控除をするにはインボイスが必須。忘れるわけにいかないよね。

66 支払調書をインボイスにする 99

納品書をインボイスにしてもいいし、組み合わせでもいいし、作成者が自分じゃない仕入明細書でもいいなんて、インボイスって、本当に何でもいいのね。

記載事項さえ書いてあればいいんだ。支払調書を使ったっていいんだから。

支払調書！？

税務署に出すものだから、本当は取引先に交付しないけれど、どうせ作成するものだし、使えるなら便利ですけど、ビックリだな。

買い手が売り手に交付する支払調書で
インボイスの記載事項を満たす場合の記載例

令和6年分 報酬、料金、契約金及び賞金の支払調書

記載事項③④ → （支払を受ける者 住所（居所）又は所在地 東京都……、氏名又は名称 税研 太郎）

登録番号 T 1 2 3 4 ・・・・・・ ← 記載事項②

区 分	細 目	支 払 金 額	源泉徴収税額
原稿料	5月10日	内 44,000	4,492
講演料	11月10日	77,000	7,861

記載事項⑤ → （摘要） 10%対象 121,000円 　（消費税等 11,000円）
8%対象 0円 　（消費税等 0円）　※印は軽減税率対象 ← 記載事項⑥

記載事項① → （支払者 住所（居所）又は所在地 東京都……、氏名又は名称 株式会社A出版 （電話） 　個人番号又は法人番号）

整 理 欄 ① ②

買い手が交付する仕入明細書等に必要な記載事項

① 仕入明細書等作成者（買手）の氏名又は名称
② 課税仕入れの相手方（売手）の氏名又は名称及び登録番号
③ 課税仕入れを行った年月日
④ 課税仕入れに係る資産又は役務の内容（軽減対象資産である旨及び資産の内容）
⑤ 税率ごとに合計した課税仕入れに係る支払対価の額及び適用税率
⑥ 税率ごとに区分した消費税額等

（出典：週刊税務通信 No.3693）

🗨 取引先の登録番号を調べる 🗨

そうすると、取引先の登録番号って、インボイス制度がスタートする前に確認しておきたい事項ですね。

そうなんだよ。
取引先にもらうか、国税庁のホームページで調べるか、だけど。

こんな手紙を出して教えてもらう、という方法があるよね。

20××年××月××日

○○○○○○○○○○○○御中

会社名
部署

適格請求書発行事業者登録番号のご通知とご依頼について

　拝啓　貴社ますますご清栄のこととお慶び申し上げます。平素より格別のご高配を賜り、
厚く御礼申し上げます。
　さて、2023年10月1日から、複数税率に対応した消費税の仕入税額控除の方法として、適格
請求書等保存方式（いわゆるインボイス制度）の導入が予定され、税務署長に申請して登録を
受けた課税事業者である　「適格請求書発行事業者」が交付する「適格請求書」等の保存が仕入
税額控除の要件となります。
　そこで、弊社の適格請求書発行事業者登録番号をご通知するとともに、貴社の登録番号等に
ついて、弊社までご連絡をお願い申し上げます。
　何卒ご主旨をご理解賜り、宜しくお願い申し上げます。

敬具

記

1. 弊社登録番号
　Ｔ××××××××××××

2. 課税事業者のご確認及び登録番号に関するご依頼
　課税事業者の場合、貴社の適格請求書発行事業者登録番号を以下の問合せ先まで、
　ご連絡願います。
　また、課税事業者以外（免税事業者等）の場合は、その旨、ご連絡をお願い致します。
　もし、適格請求書発行事業者登録番号の取得が未だの場合は、2023年3月31日までに取得
　願い、2023年5月31日までにご連絡をお願い致します。

3. 問合せ先
　部署　氏名
　住所
　電話番号
　メールアドレス

以上

（出典：一般社団法人日本加工食品卸協会「インボイス制度対応―企業間取引の手引き」）

えぇ、前に教えてもらいました。

それで、もらった番号を国税庁のホームページで登録されているか入力して確認すればいい。

あとは、国税庁のホームページからダウンロードする方法もあるんだ。

| 本文へ | 閲覧支援ツール（音声読み上げ） | サイトマップ |

文字サイズ　＋ 大きく　元に戻す　－ 小さく

| ホーム（登録番号を検索） | お知らせ | ご利用ガイド | ダウンロードWeb-API | 登録番号とは | よくある質問 |

ホーム ＞ 公表情報ダウンロード

公表情報ダウンロード

適格請求書発行事業者の公表情報のデータをダウンロードすることができます。（データダウンロード機能）

当サイトでは、前月末時点に公表しているデータの最新情報を、全件データファイルとして提供するとともに、新規に適格請求書発行事業者として登録された事業者の情報のほか、公表情報の変更・追加や失効年月日等の情報をダウンロードすることができます。

なお、氏名又は名称や所在地の変更があった場合、変更後の最新の情報のみがダウンロードデータに含まれます。

ダウンロード手順について調べたい場合は、「ご利用方法について」を押して、「ダウンロードデータご利用までの手順」をご確認ください。

＞ ご利用方法について

（参考）ダウンロードしたファイルが文字化けした場合について

ダウンロード機能で提供するデータの項目及びデータ形式については、ダウンロードファイルのデータ定義の「リソース定義書」をご確認ください。

˅ ダウンロードファイルのデータ定義（データの項目名等について）

全件データのダウンロード

前月末日時点における公表している最新情報をダウンロードすることができます。

● 全件データのダウンロード

- 氏名等の一部項目について値を削除して提供しています。
  詳しくはお知らせの「全件データファイルの提供再開について」をご覧ください。

＞ 全件データファイルの提供再開について

- 差分データファイルは令和4年9月22日から当面の間、提供を見合わせています。

ダウンロードファイルについて

ファイル形式・文字コード

ファイル形式は、CSV、XML及びJSON形式の3種類、文字コードは「Unicode（JIS第一～第四水準）」に対応しています。

ファイル作成周期

全件データファイル

毎月初日（土曜日、日曜日、祝日、年末年始（12月29日から1月3日）（以下、「休日」という。）を除く）に前月末時点の全件データファイルを作成し、原則として作成日の翌日の午前6時までに公開します。

なお、作成日の翌日が休日に該当する場合は、その直後の平日となります。

差分データファイル

日次で差分データファイルを作成し、原則として作成日の翌日の午前6時以降に公開しています（休日を除く）。

また、過去40日分をダウンロードすることができます。

なお、差分データファイルは、令和4年9月22日から当面の間、提供を見合わせています。

ダウンロードできちゃうんですね。

そうなんだよ。前は誰が登録しているのか登録番号をもらわなくても探せちゃってたんだけど、令和4年9月26日から個人の全件データに限り、次の10項目を削除しているよ。

1. 本店又は主たる事務所の所在地（公表申出）
2. 本店又は主たる事務所の所在地都道府県コード（公表申出）
3. 本店又は主たる事務所の所在地市区町村コード（公表申出）
4. 日本語（カナ）
5. 氏名又は名称
6. 国内において行う資産の譲渡等に係る事務所、事業所その他これらに準ずるものの所在地
7. 国内において行う資産の譲渡等に係る事務所、事業所その他これらに準ずるものの所在地都道府県コード
8. 国内において行う資産の譲渡等に係る事務所、事業所その他これらに準ずるものの所在地市区町村コード
9. 主たる屋号
10. 通称・旧姓

日本俳優連合や日本SF作家クラブとか、多くの団体が懸念を表明してたよね。

66 登録番号がひとつじゃない！？ 99

相手の登録番号を記載する、というのもなんだか不思議に感じ
るけれど、1枚に2つの登録番号が登場する場合もあるんだよ
（国税庁 Q&A 問 81）。

   ?

仕入明細書

㈱○○御中　　　　　　　XX 年 11 月 30 日
　　　　　　　　　　　　　　　△△商店㈱

11 月分　127,900 円（税込）

日付	品名	金額
11/1	いちご　※	5,400 円
11/2	牛肉　※	10,800 円
11/2	キッチンペーパー	2,200 円
⋮	⋮	⋮
仕入金額合計（税込）		131,200 円
10％対象		88,000 円
8％対象		43,200 円
控除金額	11 月分配送料	3,300 円
支払金額合計（税込）		127,900 円

※印は軽減税率対象商品

（出典：国税庁 Q&A 問81）

△△商店㈱が大手なのかな。㈱○○から食品とか雑貨類を仕入
れるんだけど、配送を△△商店㈱側でしていて、配送料は△△
商店㈱の売上げになるケース。㈱○○としては、食品や雑貨類
を売り上げて、配送料を支払っている。

両者ともに売り手であり、買い手ですね。

これを両者ともにインボイスとしたいなら、こんな感じになるよ。

仕入明細書と適格請求書を一の書類で交付する場合の記載例

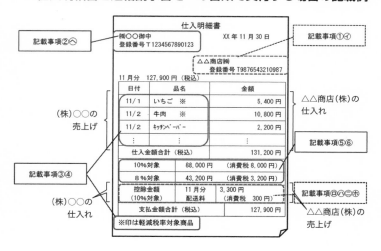

1 仕入明細書の記載事項（新消令 49④）

① 仕入明細書の作成者の氏名又は名称
② 課税仕入れの相手方の氏名又は名称及び登録番号
③ 課税仕入れを行った年月日
④ 課税仕入れに係る資産又は役務の内容（課税仕入れが他の者から受けた軽減対象資産の譲渡等に係るものである場合には、資産の内容及び軽減対象資産の譲渡等に係るものである旨）
⑤ 税率ごとに合計した課税仕入れに係る支払対価の額及び適用税率
⑥ 税率ごとに区分した消費税額等

2 適格請求書の記載事項

㋑ 適格請求書発行事業者の氏名又は名称及び登録番号
㋺ 課税資産の譲渡等を行った年月日
㋩ 課税資産の譲渡等に係る資産又は役務の内容（課税資産の譲渡等が軽減対象資産の譲渡等である場合には、資産の内容及び軽減対象資産の譲渡等である旨）
㋥ 課税資産の譲渡等の税抜価額又は税込価額を税率ごとに区分して合計した金額及び適用税率
㋭ 税率ごとに区分した消費税額等
㋬ 書類の交付を受ける事業者の氏名又は名称

（出典：国税庁 Q&A 問81を一部加筆修正）

両社の登録番号を書くんですね。

別々に書類を作成するのももちろんいいんだけど、今までと同じ書類を使えるなら便利でしょ。

66 売りも買いもある取引 99

仕入明細書とか、売りも買いもある取引とかは、相手先の登録番号を先に調べておかないとなのか。他に売りも買いもある取引って何があるだろう？

飲食店で、酒屋からの飲料仕入れで、ビール瓶やジュース瓶の買取りで売上げが立つ請求書があるの、それじゃないかしら。

ビールなら買うときも瓶を返すときも標準税率の10%だけど、ジュースは買うとき軽減税率の8%、瓶を返すときは標準税率の10%だから、値引き処理できないもんね。そうすると飲食店の売上げ。

飲食店はビールやジュースを仕入れるのと同時に瓶を返しているわ。請求書も1枚になっているの。

酒屋からの請求書に瓶買取りの金額欄があるってことは、今までの書類を使うとなると、酒屋は仕入税額控除をしたければ飲食店の登録番号を収集しなきゃいけないの!?

瓶を引き取るときに酒屋が飲食店にインボイスくれなんて言ったら仕込みで忙しいって怒られるよ🍶
今のうちにやっておかないと。

僕が思いついたのは、車の下取り。

それもそうですね。
ディーラーも購入側も、車を売っているし買っています。

車を買い替えに来た人に登録番号を聞かなきゃいけないのか🍶

サラリーマンは登録番号なんて持ってないし、
聞かれても「何それ？」よね。

そもそも、事業者であったとしても車を買い替えるときに自分の登録番号持っていかない気が……。あれ？　インボイス絡みで中古車って何かあったような？

インボイス発行事業者以外から買い取る場合、インボイスがもらえないけれど仕入税額控除できることになっている。あとで詳しく説明するよ（第5章）。

第 **3** 章

•••

インボイスの修正

01 間違えているインボイス

> ❝ 間違えているインボイスを放置したらどうなる？ ❞

インボイス発行事業者が発行したインボイスに登録番号や消費税額が書いてなかったら必要事項が抜けていることになるけれど、そういうインボイスを受け取って、気づかなくてそのままにしてたらどうなるのかな？

正しいインボイスじゃないから、仕入税額控除が認められない。消費税の端数計算を間違えていても間違えているインボイス。

前にも説明したように（P14 参照）、請求書の消費税額は納品書の消費税額を合計したものとしている場合、納品書を捨ててしまって請求書単独だと間違っているインボイスになってしまう。仕入税額控除していたらそれは間違えた処理だよ。

え！
それだと受け取ったインボイス、いちいち電卓いれるの!?

納品書と請求書、どっちも取っておいて、帳簿積上げ計算で仕入税額を計算するならどちらがインボイスかはさして重要じゃないけれど、適格請求書積上げ計算でやるならそうなるよね。

帳簿積上げ計算……ほぼ税抜経理方式でしたよね。

そう。それでやれば OK。

納品書と請求書、どっちも取っておいて帳簿積上げ計算。これがいいな。

66 帳簿の記載も大切 99

間違えているインボイスって気づかなくて調査で指摘された場合、区分記載請求書（P6 参照）として扱って、経過措置の間だと80%仕入税額控除(前著P20参照)にできませんか？

所得税法等の一部を改正する法律（平成 28 年法律第 15 号）附則第 52 条（適格請求書発行事業者以外の者から行った課税仕入れに係る税額控除に関する経過措置）を読むと、インボイス以外で、旧消費税法第 30 条の規定がなお効力を有するものとするならば仕入税額控除ができるものを 80% 仕入税額控除とする、ってなっているんだけど。

旧消費税法第 30 条？

仕入れに係る消費税額の控除のことを説明してる部分だよ。インボイスが始まる前だから区分記載請求書。インボイスとしてはダメでも区分記載請求書と考えて、経過措置の間は 80% 控除でいけそうなのかな？

それがね、経過措置は帳簿に「80% 控除対象」のように書いておかないと適用がないんだよ（国税庁 Q&A 問 99）。

経過措置の適用を受けるための要件

1 帳簿

区分記載請求書等保存方式の記載事項に加え、例えば、「80％控除対象」など、経過措置の適用を受ける課税仕入れである旨の記載が必要となります。

具体的には、次の事項となります。

① 課税仕入れの相手方の氏名又は名称
② 課税仕入れを行った年月日
③ 課税仕入れに係る資産又は役務の内容（課税仕入れが他の者から受けた軽減対象資産の譲渡等に係るものである場合には、資産の内容及び軽減対象資産の譲渡等に係るものである旨）及び経過措置の適用を受ける課税仕入れである旨
④ 課税仕入れに係る支払対価の額

（出典：国税庁 Q&A 問99）

 そうだった。正しいインボイスじゃないのに気づかなくて100％仕入税額控除していて、調査で指摘されて、経過措置期間中だから80％控除、ってわけにはいかないんだ。

 帳簿って大事なんですね

 確かに。
最近、電子帳簿といい、帳簿の大切さをしみじみと感じるよ。

とはいうものの、国税庁としては、税務調査で杓子定規にやるつもりはないみたいだね。

週刊税務通信 No.3739 で、国税庁が編集部の取材に対して「買手が保存しているインボイスについて、記載事項の不足等を把握した場合であっても、インボイスに必要な記載事項を相互の関連が明確な複数の書類により確認できれば適正なインボイスとなりますので、インボイスだけでなく他の書類等を確認するといった対応をすることや、「修正インボイス」により事業者間でその不足等を改めていただくといった対応も考えられます」って答えてるんだよね。

ということは、ギチギチにやってくるわけではなさそうですね。

今までの税務調査でも、請求書等の保存書類について軽微な記載事項の不足を確認することを目的とするような調査はしてきてないしね。

じゃあ、間違えているインボイスでも仕入税額控除は認められる？

国税庁側としては、やはり「適正なインボイスの保存がない場合、原則として、仕入税額控除の適用を受けることはできない」って言っている。

でも、「社会通念上相当と認められる注意を払っていたにもかかわらず、……その保存がないことにつき「買手の責めに帰さない状態」にあると認められる場合には、個々の事実関係を踏まえて、消費税法第 30 条第 7 項ただし書きに規定する「災害その他やむを得ない事情」が適用される場面もあると考えています」と付け足してるんだよね。

そしたら、「社会通念上相当と認められる注意」がどのくらいのレベルか、というところですね。

それはそれでまた難しいわ🎵

02 インボイスの直し方

" インボイスに間違いがあった場合 "

インボイスに間違いがあった場合、通常だと、売り手が修正したインボイスを交付しなくちゃいけない。インボイスと違って、誤りがあった場合は相手に交付を求められなくても交付する。

新消費税法第57条の4第1項

　適格請求書発行事業者は、国内において課税資産の譲渡等（……）を行つた場合（……）において、当該課税資産の譲渡等を受ける他の事業者（……）から次に掲げる事項を記載した請求書、納品書その他これらに類する書類（以下この条から第57条の6までにおいて「適格請求書」という。）の**交付を求められたときは**、当該課税資産の譲渡等に係る**適格請求書を当該他の事業者に交付しなければならない**。

新消費税法第57条の4第4項

　適格請求書、適格簡易請求書又は適格返還請求書を交付した適格請求書発行事業者は、これらの書類の記載事項に**誤りがあつた場合には**、これらの書類を交付した他の事業者に対して、修正した適格請求書、適格簡易請求書又は適格返還請求書を**交付しなければならない**。

誤りがあった場合は、「交付を求められたときは」がないですね。

そう。間違いがあったら必ず交付する。修正して、改めて記載事項の全てを記載したインボイスを交付するか、修正事項を明示したものを交付するか、だね（国税庁 Q&A 問 30）。

交付した適格請求書等に誤りがあった場合

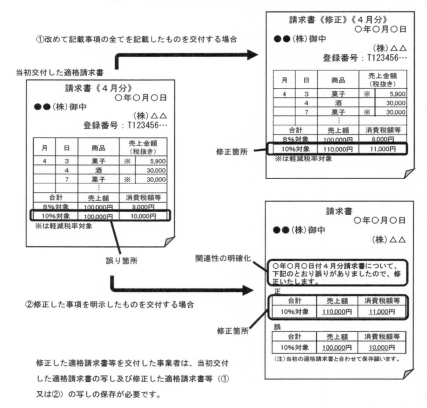

①改めて記載事項の全てを記載したものを交付する場合

当初交付した適格請求書

請求書《4月分》
　　　　　　　　　　　○年○月○日
●●(株)御中
　　　　　　　　　　　(株)△△
　　　登録番号：T123456…

月	日	商品	売上金額（税抜き）	
4	3	菓子	※	5,900
	4	酒		30,000
	7	菓子	※	30,000
：				

合計	売上額	消費税額等
8%対象	100,000円	8,000円
10%対象	100,000円	10,000円

※は軽減税率対象

誤り箇所

請求書《修正》《4月分》
　　　　　　　　　　　○年○月○日
●●(株)御中
　　　　　　　　　　　(株)△△
　　　登録番号：T123456…

月	日	商品	売上金額（税抜き）	
4	3	菓子	※	5,900
	4	酒		30,000
	7	菓子	※	30,000
：				

合計	売上額	消費税額等
8%対象	100,000円	8,000円
10%対象	110,000円	11,000円

※は軽減税率対象

修正箇所

②修正した事項を明示したものを交付する場合

関連性の明確化

請求書
　　　　　　　　　　　○年○月○日
●●(株)御中
　　　　　　　　　　　(株)△△

○年○月○日付4月分請求書について、下記のとおり誤りがありましたので、修正いたします。

正

合計	売上額	消費税額等
10%対象	110,000円	11,000円

誤

合計	売上額	消費税額等
10%対象	100,000円	10,000円

(注)当初の適格請求書と合わせて保存願います。

修正箇所

修正した適格請求書等を交付した事業者は、当初交付した適格請求書の写し及び修正した適格請求書等（①又は②）の写しの保存が必要です。

（出典：国税庁 Q&A 問 30）

66 仕入明細書に間違いがあった場合 99

 仕入明細書をインボイスとしている場合は、「送付後一定期間内に誤りのある旨の連絡がない場合、確認があったものとする」とか書いてありますけど、本当に間違いがあった場合ってどうなるんですか？

 売り手が、買い手が作った仕入明細書を真似して正しいインボイスを作るのかな？

 売り手にとって難しくないかしら？
売り手が作れなくて、買い手がヤキモキしそう。

仕入明細書の場合は、ミスに気付いたら、作成した買い手が自ら内容を修正して、売り手の確認を受けたならそれで OK となっているよ（国税庁 Q&A 問 29、77、82）。

 それならよかった。

インボイスの修正は発行した者しかできないわけじゃないんだ。売り手が間違っているインボイスを発行した場合、買い手が正しい内容を記載した仕入明細書などを作成して売り手に確認を受けることでそれを修正インボイスとすることもできるんだよ（週刊税務通信 No.3708）。

 へえ。それなら、間違いを発見したら、インボイスを発行した売り手に電話して、お互いにこうやって訂正しましょう、って修正箇所を一致させておけばいいんじゃない？

インボイスではそれは認められていないんだよ。

66 修正前インボイスは捨てないで 99

 修正したら、修正前インボイスは廃棄して大丈夫ですか？

修正前の当初交付インボイスを捨てちゃダメなんだよ。
修正後のインボイスと一緒に保存する必要がある（国税庁
Q&A 問 30）。

 そうなんですね、気を付けなくちゃ。

03 税理士の責任はどこまで？

" インボイス制度開始後の記帳代行が怖い "

関与先の経理担当者が気づかなかった場合で、税理士事務所もスルーして仕入税額控除しちゃって、実は間違えているインボイスでした、なんて調査で発覚したら税理士事務所の責任になっちゃうのかな？

そうよね。記帳代行をしている場合なんて特に、税理士事務所が見落としたらおしまいだもの。記帳代行なんて怖くてできなくなっちゃう。

記帳代行での仕訳入力は新人がやることが多いけど、新人にこれはキツイかも……。

" 関与先と契約書を交わす "

僕もこれは怖くて、実は弁護士の谷原誠先生に質問したんだ。

谷原先生……「税務のわかる弁護士」の谷原先生ですか？

そうそう。谷原先生がおっしゃるには契約の前に、顧客に説明し、協議したものを書面に残す必要があると。

説明事項

・何の確認が必要かの説明と理解
・不備が生じた場合の不利益の程度の説明と理解

協議事項

・どの部分をどちらが確認するか

税理士事務所は関与先と契約書を交わしていないことも多いけれど、ここはちゃんとやっておきたいね。

「どの部分をどちらが確認するか」を決める……ということは、インボイスが正しいかどうか確認するのは関与先側の責任と協議で決まれば、税理士事務所側が確認義務を負わないで済む?

そういうことになる。

税理士事務所は、関与先ができないだろう、って丸抱えしてしまうことも多いけれど、ここはきっちり線引きしておきたいな。

「インボイス発行事業者であることの確認は、当然に税理士の義務になる、ということではないと理解している」と谷原先生はおっしゃっていたよ。

66 ある程度の割り切りか、システムに頼るか 99

 ちょっと安心しました。毎回毎回、インボイスが正しいかどうか確認なんてしてたら、監査終わらないです。

 でも、関与先が確認する、って協議で決まっても、関与先ができないっていう現実問題があると思う。

 取引先が多い場合、全件チェックなんて無理、ってなるわよね。

 取引先が大企業の場合はおそらく登録していないなんてことはないだろうからそんなに心配ないと思うんだ。気になるのは中小企業だよね。

週刊税務通信 No.3692 で財務省の方のインタビューがあって、彼個人の考えとは明示されてはいたけど、竹橋くんの言うように「企業の規模」などを一つの指標にすれば、全て確認する必要はないと思うってあったから、ある程度割り切ってやっていいと思うんだよね。

 自社で正しいインボイスかどうかを確認する指針としてはそれでいきたいわ。でも、税理士事務所がやる、ってなった場合、その割り切りを協議で決めておくのは大変かも……。

 金額がいくら以上のものって線引きして、仕訳を抽出して登録しているか確認する、っていっても、監査のとき時間あるかなあ。決算のとき 1 年分やるのも大変そうだし。

そうだよね。その場合は、会計システムに頼るしかない。インボイス発行事業者かどうか国税庁のホームページに接続して、Web-API 機能で確認してくれるシステムを使う。TKC はこの機能を搭載しているね。

よかった〜！

この機能を搭載していないシステムの場合は、ちゃんと関与先と協議してその通り実行しないといけないわね。

実行可能な内容にしたいよね

第4章

●●●

誰が誰のインボイスを
交付するの？

01 誰の名義のインボイスを渡すのか

💬 自社の売上げだけど他社名義のインボイス 💬

 （有）菊水社の奥様が、個人事業主なんだけどハンドメイド作品をお友達のカフェで売ってもらいたいんだって。

 （有）菊水社の奥様、すごいわね、課税事業者なんでしょう？

 うん。仕入れた商品も売っているからね。カフェに置いてもらったハンドメイド作品や仕入れた商品が売れたらカフェに販売手数料を支払うって話らしいんだけど、これって委託販売ですよね。

 そうだね。

 インボイスには「インボイス発行事業者の氏名又は名称及び登録番号」が必要なんだから、カフェが交付するのは奥様の名前のインボイスなのかな？

 え？　カフェで売ってるんだからカフェの領収書じゃないの？

 カフェがハンドメイド作品を奥様から仕入れているならそうだけど、仕入れてないんだよ。委託販売だから、ただ置いてもらうだけ。

カフェは購入者に対して誰のインボイスを交付するのかしら？

66 媒介者交付特例 99

カフェのインボイスで大丈夫だよ。「媒介者交付特例」というのがある（国税庁 Q&A 問 41）。

媒介者交付特例の要件

① 委託者及び受託者がインボイス発行事業者であること
② 委託者が受託者に、自己がインボイス発行事業者の登録を受けている旨を取引前までに通知していること

媒介者交付特例は、委託者と受託者どちらもインボイス発行事業者なら、受託者は自分の名前の入ったインボイスを交付できる。

出品者である委託者（奥様）と、受託者であるカフェの両方がインボイス発行事業者であれば、カフェは自分の名前の入ったインボイスを交付できるんだ。

 カフェは他人のものを売っているのに自分のインボイスを交付できちゃうんだ 🎵

 なんだか不思議ですね。

カフェで商品を買ったときに、奥様名義の領収書を渡さなきゃいけないとしたら面倒でしょ。

確かに。カフェの領収書でいいなら楽だな。

媒介者交付特例

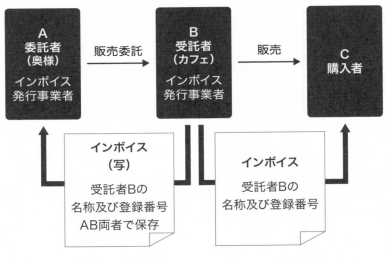

インボイスが大量で
コピーが大変なら精算書等でもOK

" インボイスの写し "

カフェは交付したインボイスの写しを保存する。
そして、奥様にインボイスの写しを交付するんだ。

一個売れたごとの領収書の写しを保存するんですか？

多数の購入者に対して日々インボイスを発行しているせいでコ
ピーが大量になって、インボイスの写しの交付が困難な場合に
は、関連が明確な精算書等の書類とかレジのジャーナルでも
OKだよ。

この精算書等には「課税資産の譲渡等の税抜価額又は税込価額
を税率ごとに区分して合計した金額及び適用税率」と「税率ご
とに区分した消費税額等」を記載する。

この表現、いつも思うんですけどなんかごちゃごちゃしていて。

字面を見ると確かにね。税率ごとに分けた税抜価額か税込価額
のどっちかを書いて、その適用税率と消費税額も書く、って言っ
てるだけなんだよ。

" 他社が自社名義のインボイスを交付 "

もし、受託者であるカフェが免税事業者だったらどうなるんで
すか？

媒介者交付特例は使えない。「代理交付」といって、委託者、つまり奥様の名前の入ったインボイスを交付することになるね（国税庁 Q&A 問 41）。

え！　カフェの名前で出せないなんて。

ちょっとめんどくさいことになりそう

委託販売用の領収書を用意してもらわないとね。

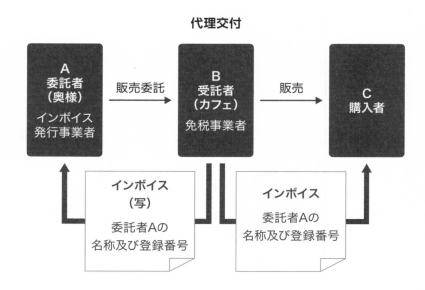

02 宛名が自社ではない場合

66 立替金 99

逆に、実質的な買い手がインボイスの交付を受ける事業者名と違う場合ってどうなるんだろう？

？

A社が一部の業務をB社に外注していて、B社が経費を立て替えることがあるんだ。B社がC社へ支払ったときに交付されるのはA社宛じゃなくてB社宛のインボイス。A社は仕入税額控除できるのかな？

B社宛てのインボイスだとすると、A社にしてみたら交付を受ける事業者の氏名又は名称が入ってないからインボイスの記載要件を満たしてないことになるわよね。

A社は、C社から発行されたB社宛のインボイスを保存していても自社のインボイスとはできないけれど、立替金精算書の交付を受けて、B社宛のインボイスと一緒に保存しておけば大丈夫（国税庁Q&A問84）。

立替えをしたB社はインボイス発行事業者である必要がありますか？

いや、インボイス交付元、つまりC社がインボイス発行事業者ならいいんだ。立替えをしたB社は免税事業者でもかまわないよ。

立替金の取引図

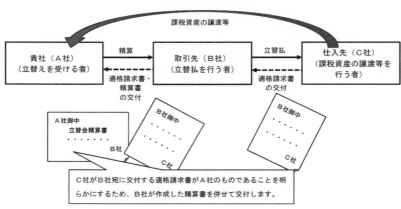

課税資産の譲渡等

| 貴社（A社）
（立替えを受ける者） | 精算 → | 取引先（B社）
（立替払を行う者） | 立替払 | 仕入先（C社）
（課税資産の譲渡等を
行う者） |

適格請求書・
精算書
の交付

適格請求書
の交付

A社御中
立替金精算書
・・・・・・
B社

B社御中
・・・・
・・・・
C社

B社御中
・・・・
・・・・
C社

C社がB社宛に交付する適格請求書がA社のものであることを明らかにするため、B社が作成した精算書を併せて交付します。

（出典：国税庁 Q&A 問84）

交付するインボイスのコピーが大量となるなど、コピーを交付することが困難なときは、立替えした B 社の方でインボイスを保存し、立替金精算書を交付すれば大丈夫だよ。

ただし、この場合の立替金精算書は、インボイス発行事業者からの仕入れかどうか、適用税率ごとに区分する、といった A 社が仕入税額控除をするにあたって必要な事項を記載しないとね。

立替えが全額じゃなくて一部なら、立替えを受ける側の負担割合を乗じて按分するといった合理的な方法で計算した消費税額等を記載する必要があるね。

それと、立替えを受ける側が複数の事業者の場合、事業者ごとの消費税額等の合計額がインボイスの消費税額等と一致しないこともあるだろうけど、合理的な方法で計算されているならその立替金精算書に基づいて仕入税額控除をして大丈夫。

66 従業員が立替え 99

立替えって、従業員が立替払いすることもありますよね？

あるある。というか、小さい会社だと社長が多いよ。会社の備品を社長の普段使いの Amazon で買っちゃって、宛名が社長個人名とか。

そうすると、「書類の交付を受ける当該事業者の氏名又は名称」が満たせないわよね。

この場合も、さっきの会社間と同じように、従業員や社長にその課税仕入れは会社が行ったんだよということを明らかにするための立替金精算書等を作成してもらい、従業員や社長宛のインボイスと併せて保存しておけばいいよ。

インボイスと立替金精算書の記載例（イメージ）

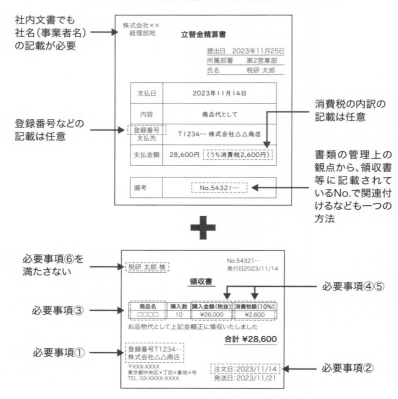

社内文書でも社名（事業者名）の記載が必要

登録番号などの記載は任意

消費税の内訳の記載は任意

書類の管理上の観点から、領収書等に記載されているNo.で関連付けるなども一つの方法

必要事項⑥を満たさない

必要事項③

必要事項①

必要事項④⑤

必要事項②

インボイスに記載する必要事項

① 適格請求書発行事業者の氏名又は名称及び登録番号
② 課税資産の譲渡等を行った年月日
③ 課税資産の譲渡等に係る資産又は役務の内容（課税資産の譲渡等が軽減対象資産の譲渡等である場合には、資産の内容及び軽減対象資産の譲渡等である旨）
④ 税率ごとに区分した課税資産の譲渡等の税抜価額又は税込価額の合計額及び適用税率
⑤ 税率ごとに区分した消費税額等
⑥ 書類の交付を受ける当該事業者の氏名又は名称

（出典：週刊税務通信 No.3704）

03 売り手が免税でも 取次ぎが登録事業者なら

66 卸売市場特例と農協特例 99

売り手である委託者が免税事業者なのに、買い手がインボイスをもらえる取引形態もあるんだよ。受託者が自分の名前のインボイスを交付する。

インボイスって、免税事業者は発行できないから、売り手である委託者が免税事業者じゃダメじゃないですか？

OKとされている取引があるんだよ。委託者にインボイス発行義務が免除されているんだ。インボイス交付が免除されている取引があるでしょ？ その中の2と3（国税庁 Q&A 問23、38、39）。

インボイス交付が免除される取引

1　3万円未満の公共交通機関（船舶、バス又は鉄道）による旅客の運送

2　出荷者等が卸売市場において行う生鮮食料品等の販売（出荷者から委託を受けた受託者が卸売の業務として行うものに限ります。）

3　生産者が農業協同組合、漁業協同組合又は森林組合等に委託して行う農林水産物の販売（無条件委託方式かつ共同計算方式により生産者を特定せずに行うものに限ります。）

4　3万円未満の自動販売機及び自動サービス機により行われる商品の販売等

5　郵便切手類のみを対価とする郵便・貨物サービス（郵便ポストに差し出されたものに限ります。）

（出典：国税庁 Q&A 問23）

66 卸売市場特例 99

ああ、なんかあったような……。
あんまりわかってなかったです 💧

まず、2の卸売市場の交付義務免除（国税庁 Q&A 問 38）。卸
売市場を通じた生鮮食料品の取引においては、出荷者が委託者
で、卸売市場が受託者になる。

出荷者は免税事業者、インボイス発行事業者が入り乱れてるわ、
買い手はたくさんいるわで、卸売市場にしてみたら出荷者によっ
てインボイスを出せる、出せないとか、やってられないんだ。

免税事業者の出荷者であっても、卸売市場ならインボイスが交
付できなくても問題ないんですね。

卸売市場特例

インボイス発行事業者

売り手

インボイスを
発行しなくてもよい

免税事業者

インボイスを
発行できない

売り手

インボイスを発行できない
が不利にならない

出荷

卸売市場

卸売市場が
買い手に対して
インボイスを発行

インボイス

請求書

卸売市場が発行した
インボイスで
「仕入税額控除」できる

買い手

委託者である出荷者が免税事業者でも、この特例なら受託者である卸売市場のインボイスの交付を受ければ買い手は仕入税額控除できる。この特例が適用される市場は決まっているよ。

卸売市場特例の対象となる卸売市場

① 農林水産大臣の認定を受けた中央卸売市場
② 都道府県知事の認定を受けた地方卸売市場
③ ①及び②に準ずる卸売市場として農林水産大臣が財務大臣と協議して定める基準※を満たす卸売市場のうち農林水産大臣の確認を受けた卸売市場

※ 農林水産大臣が財務大臣と協議して定める基準とは、以下の5つです（令和2年農林水産省告示第683号）。

イ 生鮮食料品等（卸売市場法第2条第1項に規定する生鮮食料品等をいいます。ロについても同じ。）の卸売のために開設されていること
ロ 卸売場、自動車駐車場その他の生鮮食料品等の取引及び荷捌きに必要な施設が設けられていること
ハ 継続して開場されていること
ニ 売買取引の方法その他の市場の業務に関する事項及び当該事項を遵守させるための措置に関する事項を内容とする規程が定められていること
ホ 卸売市場法第2条第4項に規定する卸売をする業務のうち販売の委託を受けて行われるものと買い受けて行われるものが区別して管理されていること

（出典：国税庁 Q&A 問38）

長い 💧

ごちゃごちゃと書いてあるけれど、要約すると公的なところに認定を受けた由緒正しい卸売市場での委託販売の場合、出荷者はインボイス発行を免除される、といったことが書いてあるよ。

66 農協特例 99

あと、3の生産者が農業協同組合、漁業協同組合又は森林組合等に委託して行う農林水産物の販売。俗に「農協特例」なんて言われているんだけど、これで大事なのは無条件委託方式かつ共同計算方式により生産者を特定せずに行うものに限るってところ（国税庁 Q&A 問 39）。

 無条件委託方式かつ共同計算方式って何ですか？

① **無条件委託方式**
　　出荷した農林水産物について、売値、出荷時期、出荷先等の条件を付けずに、その販売を委託すること

② **共同計算方式**
　　一定の期間における農林水産物の譲渡に係る対価の額をその農林水産物の種類、品質、等級その他の区分ごとに平均した価格をもって算出した金額を基礎として精算すること

例えば、ミカン農家がたくさんいる地域で、いろんなミカン農家が農協にミカンを持ち込んで、混ぜこぜにして農協が販売する。一定期間の売上げを、出荷量に応じて分配するんだ。

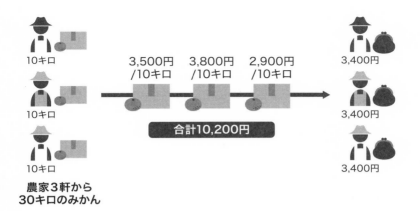

10キロ

10キロ

10キロ

農家3軒から
30キロのみかん

3,500円
/10キロ

3,800円
/10キロ

2,900円
/10キロ

合計10,200円

3,400円

3,400円

3,400円

このタイプの委託販売は、誰のミカンがいくらで売れたかなんてわからない。だから、農協が農協の名前で交付するインボイスがあれば、買い手は仕入税額控除ができることになっている。

農協特例

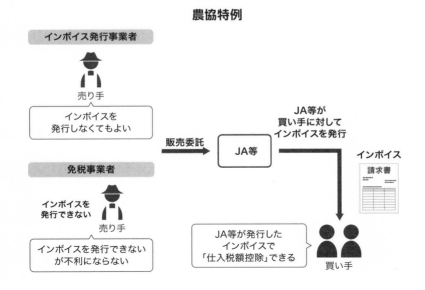

インボイス発行事業者

売り手

インボイスを
発行しなくてもよい

免税事業者

インボイスを
発行できない

売り手

インボイスを発行できない
が不利にならない

販売委託

JA等

JA等が
買い手に対して
インボイスを発行

インボイス

請求書

JA等が発行した
インボイスで
「仕入税額控除」できる

買い手

なるほど。免税事業者の生産者であっても農協に出荷する分には取引から排除される心配がないんだ。

04 農協特例対象外のもの

❝ 農作物だけど ❞

最近はこの生産者の野菜が美味しい、ってレストランが生産者と個別に契約していることもありますよね。生産者は手間暇をかけるから小規模で免税事業者のこともあると思うんです。この場合も農協特例は適用できるんでしょうか？

農協特例はあくまでも無条件委託方式かつ共同計算方式の場合だよ。生産者とレストランの個別契約には適用されない。

残念。

レストラン側が簡易課税だったらインボイスいらないからいいんだけど（前著第6章参照）、レストラン側が原則課税で難色を示されるようなら取引をあきらめるか、インボイス発行事業者になるか、二者択一。

小規模生産者は不利になってしまうんですね。

レストランとの契約が売上げの大半を占めていて、契約がなくなってしまったら大打撃となるのであれば、値引きをするか、インボイス発行事業者になるか、だよね。

簡易課税を選択するとして、飲食料品（軽減税率8％）の譲渡となる農業は第2種事業でみなし仕入率は80％だから、税込864万円の年間売上なら納税額は12万8,000円。

売上げの大半を失うよりは、消費税を納めた方が手残りがあるってことよね。

令和5年度税制改正で設けられた2割特例を使えることを忘れないようにね。とは言っても農業は第2種で税額は同じだけど。

66 直売所はどうなる？ 99

私、農家のお客様を担当してるんですけど、直売所に出してます。直売所って、この農協特例に該当するんですか？

該当しないんだよ。

直売所

生産者が卸売業・小売業のような販売業者を通さないで、直接消費者に売る場所

直売所は生産者が少量作った野菜などを販売するためのスペース提供なんだ。直売所ごとに生産者の登録をして、各直売所に生産者がバーコードのついたラベルを貼って、出荷・販売を管理している。

農協がやってる直売所って農協の敷地内にあるし、農協が一度買い上げて販売しているのかと思ってた。そうすると、直売所で販売している野菜って、生産者の売上げなんだね。農協ってどうやって儲けてるの？

直売所での農協の儲けは、生産者に手数料をもらってるのよ。農協は生産者に直売所で何が売れたか通知するために販売代金明細書を発行していて、手数料を差し引いて支払ってるわ。

販売代金明細書

○○様御中

JA ぜいけん
登録番号 T98765…

8 月分合計 15,060 円

生産者の売上げ

日付	品名	金額
8 月 1 日	きゅうり＊	5,000 円
8 月 4 日	トマト＊	8,000 円
8 月 15 日	ブロッコリー＊	4,000 円
仕入金額合計（税抜）		17,000 円
10% 対象	0 円	消費税 0 円
8% 対象	17,000 円	消費税 1,360 円

生産者の仕入れ

農協の売上げ

控除金額	金額	消費税
販売手数料（10% 対象）	3,000 円	300 円
支払金額合計（税込）		15,060 円

＊は軽減税率対象商品

これって、生産者の売上明細でもあるわけだよね？
生産者の登録番号はいらないのかな？

直売所を運営している農協が野菜を買ったわけじゃないから、いらないと思うわ。

直売所を運営していることで農協が得ている手数料は農協の売上げ。生産者から求められたらインボイスを交付する義務がある。農協は仕入れてはいなくて、何が売れたかの通知と自分のインボイスを一緒にしているんだね。

66 直売所で野菜を買ったらインボイスはもらえる？ 99

農家のお客様、免税事業者なんです。インボイスを発行できないから、直売所に出している野菜を仕入税額控除したい事業者に買ってもらえなくなっちゃうのかしら。

直売所で生産者の誰がインボイス発行事業者かどうかなんてわからなくない？

だから、直売所はインボイス制度にどう対応するか考えないといけないんだけど、今、直売所で販売している野菜には、生産者が識別できるラベルが貼ってあるでしょ。

高知県産
ブロッコリー
出荷日 2022年8月6日

216円
（税込）

2 101001 000000

生産者 加山 雄二　　101

レシートも、生産者が誰かわかるようになっている。

```
        JAぜいけん
           〈領 収 書〉
  JAぜいけん
  ○○県農産物直売所
  ○○県○○市○ー○ー○
  電話:△△ー△△△△
  お客様各位
  返品は商品・レシートをご持参の上
  5日以内にお願い致します。

  2023年10月1日(日)13:50    #000002

  内8  加山雄二／ブロッコリー   ¥216
  内8  朝丘雪子／きゅうり       ¥108
  内8  谷村新一／トマト         ¥324
  ------------------------------------
  小計                          ¥648
  (内税 8%対象額               ¥648)
  (内税額          8%          ¥48)
  買上点数                       3点
  ------------------------------------

  合計              ¥648
  お預り            ¥1,000
            (内消費税等  ¥48)

  お釣り            ¥352
```

ラベルにインボイス発行事業者かどうかわかるようにたとえば★のような印をつけて、レシートに生産者の登録番号を表示すれば「代理交付」でいける。直売所で買い物をする事業者は★印のついた商品を買えば仕入税額控除ができるよ。

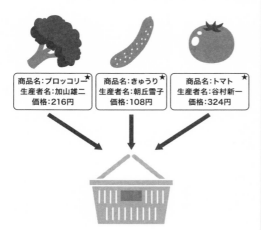

インボイス発行事業者の野菜

商品名：ブロッコリー★
生産者名：加山雄二
価格：216円

商品名：きゅうり★
生産者名：朝丘雪子
価格：108円

商品名：トマト★
生産者名：谷村新一
価格：324円

領収書

JAぜいけん
○○県○○市○−○−○
2023/10/1

加山雄二　登録番号T9876…
ブロッコリー＊×1　　　　216
計　　　　　　　　　　　216
8%対象　216 内消費税　　16

朝丘雪子　登録番号T1234…
きゅうり＊×1　　　　　　108
計　　　　　　　　　　　108
8%対象　108 内消費税　　8

谷村新一　登録番号T5555…
トマト＊×1　　　　　　　324
計　　　　　　　　　　　324
8%対象　324 内消費税　　24

合計　　　　　　　　　　648
＊は軽減税率対象商品

直売所を運営している農協は生産者が免税事業者か、インボイス発行事業者かどうか確認して登録番号も集めておかないといけないってことよね。

レシート、いちいち生産者ごとに計を出すの？

代理交付の場合、消費税額の計算も端数計算も生産者ごとにしなきゃいけないんだ（国税庁Q&A問42）。

一般の消費者はこんな細かいレシートもらっても、って感じですよね。直売所を運営している農協はインボイス発行事業者だろうし、媒介者交付特例（P55参照）で農協の名前で交付したら？

竹橋くんの言うとおり、JA ファーマーズマーケットでは媒介者交付特例を採用するようだね。

直売所に出荷している生産者はインボイス発行事業者と免税事業者どっちもいる。免税事業者は間にインボイス発行事業者が入っていてもインボイスは発行できない。インボイスが欲しい購入者には別途発行、という形をとるんじゃないかな。

直売所、結構大変 💦

JAファーマーズマーケットで委託販売する場合（媒介者交付特例）

　ファーマーズマーケットでの委託販売は無条件委託方式および共同計算ではないため**農協特例は適用されません**が、**出荷者がインボイス発行事業者の場合**は JA が出荷者に代わりインボイスを発行し、購入者へ交付することができます。

■媒介者交付特例が適用される取引の例

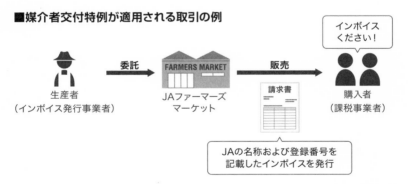

（出典：JA グループ「はじまります！インボイス制度」）

05 ここでインボイスもらえるの？

66 タクシーや小規模店舗 99

課税事業者が買い物に行くときは大変かも。道の駅で、この生産者はインボイス発行事業者ですって表示してあればいいけど、そうじゃなかったら一か八かで買い物するの？

そうよね。手土産用にお菓子を買うにも、文房具を買うにも、小さなお店よりも確実にインボイスをもらえる大きなお店、デパ地下とかコンビニを選びがちになりそう。

この前、インボイスの話をしていた時に担当先の社長から聞かれたんだけど、個人タクシーって免税事業者なんじゃないの？って。全員とは限らないけれど、多数を占めると思うんだ。

インボイス制度が始まったら社用で気軽にタクシーに乗れなくなっちゃうわ！

インボイス発行事業者のタクシーだよってタクシー側がアピールしなくちゃいけないなんて、どうやってやるんだろう？
車体の側面に「インボイス」って書いておくとか？

乗るときにそれを確認してたらタクシー通り過ぎちゃうわよ。

タクシーの運転手は何か手を考えないと

今、タクシーをアプリで呼ぶことがあるじゃない？
そのとき、車椅子対応車両を指定することができるから、インボイス指定とかできるようになるかもね。

66 Amazon で買い物 99

リアル店舗も問題だけど、Amazon や楽天の出品者にもいえることじゃない？

そうよね。
出品者がインボイス発行事業者かどうかわからないわ。

Amazon では対応を考えているみたいだよ。

Q2. Amazon での販売を続けるために必ず番号は必ず取得しなければならないのでしょうか？

A2. 現在は Amazon での販売をするにあたり登録は必須ではありません。ただ、本制度の開始後、法人・個人事業主のお客様を対象とする Amazon ビジネスでは、お客様が適格請求書を受け取れる商品かどうかを、商品ページ上で識別できるような仕組みとなることが予定されています。出品者様の売上に影響を与える可能性がございますので、番号を取得いただくことをおすすめいたします。

（出典：https://sellercentral-japan.amazon.com/forums/t/topic/98208）

そしたら、Amazon で備品とかを買うとき、出品者がインボイス発行事業者かどうか確認してからポチッとしないといけないわけか。

66 担当「販売店」？ 99

あとね、私が気になるのがアスクルなの。

アスクルご請求書
20○○年01月31日締め切り分

郵便区内特別

●●● - ●●●●
埼玉県さいたま市△-△-△

(株)越の誉   様

お問い合わせ番号　00000000

アスクル担当販売店
株式会社○○
広域営業部
さいたま市○-○-○

TEL 048-○○○-○○○○　　　　FAX 048-△△△-△△△△

お買い上げいただきましてありがとうございます。
記載の通り、ご請求申し上げます。

TEL 048-xxx-xxxx　　担当：アスクル担当者
お買い上げに関するお問い合わせは担当販売店までお願い申し上げます。

| お支払い日 | ▶ | 20○○ 年　02 月　15 日 |
| お支払い日 | ▶ | 郵便／コンビニ支払 |

| 当月ご請求額 | 13,709円 |

うち消費額等（　　　　1,212円）

対象期間	20○○/01/01～20○○/01/31
当月お買い上げ金額	13,709円
当月返品金額	0円
当月値引金額	0円

アスクルって、請求書に「アスクル担当販売店」って書いてあって、代金支払いはそこにしてるの。ということは、売り手はアスクルじゃないのかしら？　「アスクル担当販売店」が免税事業者だったら仕入税額控除できないのかしら？

それは困る。

 商品はアスクルから買っているんだよ。売り手はアスクル。アスクルは「エージェント制」という形態を取っていて、担当販売店の主な役割は代金回収なんだ。

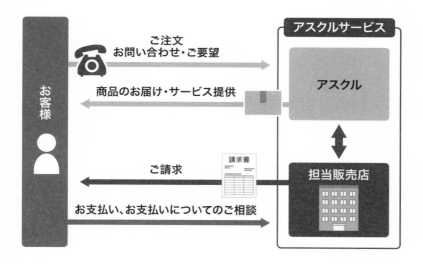

（出典：https://www.askul.co.jp/guide/knowledge/payment.html）

 たのめーるなんかもこういう形態を採用しているみたいだね。

 担当販売店はアスクルから商品を仕入れているわけじゃないんだ。どうやって儲けてるんだろう？

アスクルから手数料をもらってるんだよ。
代金回収してそれをアスクルに納めると手数料がもらえる。

売り手はアスクルであって、アスクルがインボイス発行事業者なら、買い手は仕入税額控除できるんだ。

担当販売店は御用聞き＋クレジットカード会社みたいな役割なんじゃないかな？

なるほど。

担当販売店がインボイス発行事業者なら、媒介者交付特例が使えるね（国税庁 Q&A 問 41）。

66 本屋 99

あと、気になったのが本屋。小さな本屋でインボイスが出せないことを知らずに本を買ったときに、本には「本体価格＋税」って表示があるじゃない？　トラブルにならないかしら。

うわ、そうだね 🍃　あれ？　本って委託販売じゃないの？
そしたら本屋は受託者で、出版社が委託者？

それだと本屋が免税事業者なら代理交付になるのかしら？

本屋は本を仕入れて、それを売っているんだよ。決まった期間内なら返品できるってなっているのであって、本の所有権は動いているんだ。だから、請求書や領収書の名義は本屋だし、本屋が免税ならインボイスは出せないし、インボイス発行事業者ならインボイスを出せる。

免税事業者の本屋は、インボイスくれって言われて、無理ですって返したら消費税取ってるだろ！って怒られそう 💧

そうなんだけど、本は再販制度で価格が決まっているから消費税分負けろと言われてもできないしなあ。

考えるといろいろ問題があるのね……インボイス発行事業者になるなら早めに登録して、登録番号を請求書やレシートに書いておいた方がいいですね。

取引先や購入者に安心感を与えられるよね。インボイス制度が始まってからもインボイスをもらえるからここのお店を使おうって思うだろうし。

店舗系はいいけど、動いちゃうタクシーは本当にどうしたらいいんだろう 💧

第**5**章

•••

仕入税額控除したい！

01 どうしたら 仕入税額控除 OK になるのか

66 誰が作っても要件を満たせばインボイス 99

インボイスって、売り手が作成して交付するものだと思ってたけど、仕入明細書みたいに買い手が作成してもいいし、卸売市場特例や農協特例はもはや作成者は売り手でも買い手でもないし、なんだかよくわからなくなってきたよ。

売り手はくれって言われたら交付すればいいけど、買い手は、これがないと仕入税額控除ができなくなるから、絶対に欲しい。買い手の方が切実なんだ。でも、商取引の特質などによっては売り手が作れないこともある。仕入明細書や卸売市場特例はその場合の対応策なんだよ。

仕入税額控除の要件を説明している国税庁 Q&A 問 74 を見てみよう。大まかに4つに分けるとわかりやすいよ。

1 売り手が作成したインボイス

保存すべき請求書等には、適格請求書のほか、次の書類等も含まれます（新消法 30 ⑨）。
イ　適格簡易請求書
ロ　適格請求書又は適格簡易請求書の記載事項に係る電磁的記録

（出典：国税庁 Q&A 問74）

まず、売り手が作成した適格請求書とか、適格簡易請求書（略称：簡易インボイス。第7章にて解説あり）。これは OK だよね。

2 買い手が作成したインボイス

ハ　適格請求書の記載事項が記載された仕入明細書、仕入計算書その
　他これに類する書類（課税仕入れの相手方において課税資産の譲渡
　等に該当するもので、相手方の確認を受けたものに限ります。）（書
　類に記載すべき事項に係る電磁的記録を含みます。）

（出典：国税庁 Q&A 問74）

次に、売り手がインボイスを作成しないケース。仕入明細書を
もらっているのに、それをもとに売り手がインボイスを作成す
るのは二度手間。だから、売り手が確認することを条件に買い
手が作成した仕入明細書でも OK にしている。

3 インボイス交付者が売り手でも買い手でもないケース

ニ　次の取引について、媒介又は取次ぎに係る業務を行う者が作成す
　る一定の書類（書類に記載すべき事項に係る電磁的記録を含みま
　す。）
　・ 卸売市場において出荷者から委託を受けて卸売の業務として行
　　われる生鮮食料品等の販売
　・ 農業協同組合、漁業協同組合又は森林組合等が生産者（組合員
　　等）から委託を受けて行う農林水産物の販売（無条件委託方式
　　かつ共同計算方式によるものに限ります。）

（出典：国税庁 Q&A 問74）

卸売市場や農協からの出荷など、誰が生産者かわからなくなっ
てしまうような取引。生産者がインボイス発行事業者か免税事
業者かなんてやっていたら商売にならないから、媒介又は取次
ぎが交付するインボイスを保存すれば OK としている。

4　インボイスがなくてもOK

　なお、請求書等の交付を受けることが困難であるなどの理由により、次の取引については、一定の事項を記載した帳簿のみの保存で仕入税額控除が認められます（新消法30⑦、新消令49①、新消規15の4）。

① 　公共交通機関特例の対象として適格請求書の交付義務が免除される3万円未満の公共交通機関による旅客の運送
② 　適格簡易請求書の記載事項（取引年月日を除きます。）が記載されている入場券等が使用の際に回収される取引（①に該当するものを除きます。）
③ 　古物営業を営む者の適格請求書発行事業者でない者からの古物（古物営業を営む者の棚卸資産に該当するものに限ります。）の購入
④ 　質屋を営む者の適格請求書発行事業者でない者からの質物（質屋を営む者の棚卸資産に該当するものに限ります。）の取得
⑤ 　宅地建物取引業を営む者の適格請求書発行事業者でない者からの建物（宅地建物取引業を営む者の棚卸資産に該当するものに限ります。）の購入
⑥ 　適格請求書発行事業者でない者からの再生資源及び再生部品（購入者の棚卸資産に該当するものに限ります。）の購入
⑦ 　適格請求書の交付義務が免除される3万円未満の自動販売機及び自動サービス機からの商品の購入等
⑧ 　適格請求書の交付義務が免除される郵便切手類のみを対価とする郵便・貨物サービス（郵便ポストに差し出されたものに限ります。）
⑨ 　従業員等に支給する通常必要と認められる出張旅費等（出張旅費、宿泊費、日当及び通勤手当）

（出典：国税庁Q&A問74）

最後は売り手がインボイスを発行するのが困難なケース。
これはもう、保存はいらない。帳簿のみの記載でOKとしている。

💬 インボイスはいらなくても帳簿へ追加記載が必要 💬

分けるとわかりやすいな。

ただ勉強しているだけだと頭の中ごちゃごちゃしてきますけど、自分が仕入税額控除したい！と思ったら切実ですね。なくても仕入税額控除できるのはありがたいです。

こうやって、実務的に交付を受けることが無理そうなケースはいらないよ、ってなっているけれど、その代わりに帳簿には追加の記載が必要になるよ（帳簿の通常の記載事項については、前著 P75 参照）。

通常必要な記載事項に加え必要になる追加の記載事項

A　帳簿のみの保存で仕入税額控除が認められるいずれかの仕入れに該当する旨

B　仕入れの相手方の住所又は所在地

（出典：国税庁 Q&A 問98）

💬 公共交通機関特例 💬

実際にどうやって追加の記載事項の A と B を帳簿に書くのかを見て行こう。最初は P86 ①の「３万円未満の公共交通機関による旅客の運送」。そうだ、ここの「３万円未満」は税込？税抜？

法人税法での交際費とかと同じで、税込経理だったら税込で3万円未満、税抜経理だったら税抜で3万円未満と考える、ですか？

違うんだよ。税込で3万円未満、なんだ。

え！ そうなんですね。

この3万円未満というのは、1回の取引金額で考えるよ。

切符1枚が13,000円でも4人分まとめて購入して52,000円なら、超えている、ってことですよね（国税庁Q&A問36）。

1枚ごとの金額で判断するのではなくて、まとめて購入した額で3万円未満かどうかを考えるよ。

3万円未満の公共交通機関による旅客の運送の判定例

4人分の乗車券をまとめて購入する場合

乗客
（大人）

切符1枚ごとの金額で税込価額が3万円未満かどうかを判定しない

乗車券
（税込価額）

13,000円　13,000円　13,000円　13,000円

↓

4人分の運送役務の提供
52,000円（＝13,000円×4人）＞3万円

4人分の合計額で税込価額が3万円未満かどうかを判定

（出典：週刊税務通信 No.3689）

それと、この特例は旅客の運送に係るものだから、入場料金や手回り品代はダメ（国税庁Q&A問37）。

 お見送りで入場券買った、というのはダメなんですね。

そういうことだね。入場券が回収されてしまうときは②の入場券等回収特例（P91参照）でいける。あとは、「公共交通機関」と言われると、何を思い浮かべる（国税庁Q&A問35）？

 鉄道、バス、飛行機とかかな？

飛行機は入らないんだ。

新消費税法施行令第70条の9第2項第1号

一　次に掲げる役務の提供のうち当該役務の提供に係る税込価額（法第57条の4第1項第4号に規定する税込価額をいう。）が3万円未満のもの

　イ　海上運送法第2条第5項（定義）に規定する一般旅客定期航路事業、同法第19条の6の2（運賃及び料金等の公示）に規定する人の運送をする貨物定期航路事業及び同法第20条第2項（不定期航路事業の届出）に規定する人の運送をする不定期航路事業（乗合旅客の運送をするものに限る。）として行う旅客の運送

　ロ　道路運送法（昭和26年法律第183号）第3条第1号イ（種類）に規定する一般乗合旅客自動車運送事業として行う旅客の運送

　ハ　鉄道事業法第2条第2項（定義）に規定する第一種鉄道事業又は同条第3項に規定する第二種鉄道事業として行う旅客の運送

　ニ　軌道法第3条（事業の特許）に規定する運輸事業として行う旅客の運送

イ、ロ、ハ、ニの順に船、バス、電車、モノレールってとこかな。

ほんとだ。飛行機が入ってない。

飛行機はインボイスの交付を免除されていないんだ。

金額が少なくても予約して搭乗するから、インボイスの交付はできるよね、ということですね。

バスや電車は予約しないで乗ることもできる。山手線なんかでインボイス交付をちまちまやってられないから、売り手の交付義務が免除されていて、買い手もインボイスなしで仕入税額控除できる。

ただし、たとえばJR東日本の電車に乗ったら、「3万円未満の鉄道料金」を帳簿に追加記載するのを忘れずに。

追加記載事項は住所又は所在地もあるけど、摘要欄、そんなに入らないですよ？

このケースは、住所や所在地は書かなくていい（国税庁Q&A問98）。

公共交通機関の住所などは調べればすぐわかりますものね。

買い手の帳簿への追加記載事項

① 適格請求書の交付義務が免除される３万円未満の公共交通機関による旅客の運送

　　A　帳簿のみの保存で仕入税額控除が認められるいずれかの仕入れに該当する旨
　　　　→３万円未満の鉄道料金、公共交通機関特例など
　　B　仕入れの相手方の住所又は所在地
　　　　→記載不要

❝ 入場券等回収特例 ❞

次の「入場券等」（P86 ②参照）って……。

入場券等が回収されてしまう取引。公共交通機関であり得るよね。公共交通機関である鉄道事業者から簡易インボイスの記載事項（取引年月日を除く。）を記載した乗車券の交付を受け、その乗車券が回収される場合は、帳簿のみの保存で仕入税額控除が認められる。これは３万円以上でもOK（国税庁Q&A問93）。

公共交通機関特例では使えなかった駅の入場券も簡易インボイスの記載事項が記載されていればOKだろうね。

これは、住所も必要だよ。

買い手の帳簿への追加記載事項

② 適格簡易請求書の記載事項（取引年月日を除きます。）が記載されている入場券等が使用の際に回収される取引

　　A　帳簿のみの保存で仕入税額控除が認められるいずれかの仕入れに該当する旨
　　　　→入場券等、入場券等回収特例など
　　B　仕入れの相手方の住所又は所在地
　　　　→公共交通機関の住所

66 業法台帳と組み合わせ 99

インボイス発行事業者でない者からの購入は、本来インボイス交付が受けられないんだけど、仕入税額控除して OK な取引がある。これも、取引内容と住所を書く必要があるんだけど、業法で業法上の台帳に相手方の氏名及び住所を記載するとされているなら帳簿に住所はいらない（P86 ③～⑤参照）。

業法？

古物営業法、質屋営業法、宅地建物取引業法。これらの業法で、「古物台帳」「質物台帳」「取引台帳」と呼ばれる作成、保存が義務づけられている台帳があるんだ。この台帳に書いてあるなら住所は書かなくていい。取引内容だけ書けば OK。

なるほど。
その情報が欲しいなら台帳を見ればいいからってことですね。

国税庁 Q&A 問 98、ここを読むのがちょっと難しかったかもと思うんだけど。

国税庁 Q&A 問 98

③　古物営業を営む者の適格請求書発行事業者でない者からの古物の購入

④　質屋を営む者の適格請求書発行事業者でない者からの質物の取得

⑤　宅地建物取引業を営む者の適格請求書発行事業者でない者からの建物の購入

（注）　帳簿に仕入れの相手方の住所又は所在地の記載が不要な一定の者は、次のとおりです（インボイス通達 4 − 7）。……
　　ニ　上記③から⑥の課税仕入れ（③から⑤に係る課税仕入れについては、古物営業法、質屋営業法又は宅地建物取引業法により、業務に関する帳簿等へ相手方の氏名及び住所を記載することとされているもの以外のものに限り、⑥に係る課税仕入れについては、事業者以外の者から受けるものに限ります。）を行った場合の当該課税仕入れの相手方

住所の記載が不要な者は、業法台帳に住所を記載することとされているもの以外のもの、ってあるじゃない？

記載することとされているもの以外のもの、って記載されていないもの、ってことだよね？
記載されていないものが住所の記載が不要？？？

古物台帳では、対価の総額が税込 1 万円以上のものは記載するとなっているんだ。台帳に記載しない内容ならそんな大事じゃないということ。ここから漏れる 1 万円未満の取引は消費税法でももういいよ、ってことのようだね。

買い手の帳簿への追加記載事項

③～⑤ 古物営業を営む者の適格請求書発行事業者でない者からの
　　　　古物の購入等

A 帳簿のみの保存で仕入税額控除が認められるいずれかの仕入
　　れに該当する旨
　　　　→古物商特例、質屋特例など
B 仕入れの相手方の住所又は所在地
　　　　→台帳に記載があれば記載不要（古物の場合、記載なくとも不要）

66 「適格請求書発行事業者ではない者」の仕入税額控除 99

「適格請求書発行事業者ではない者」、つまり免税事業者かインボイス登録していない課税事業者、事業者ではない人からの仕入れであっても仕入税額控除できるってことですか？

そういうことになるよね。国税庁Q&A問94で、中古車販売業を営んでいて、消費者からの仕入れは仕入税額控除できないのかという質問に【答】でちゃんと「できる」と返答されているよ。

これってどうなの？　インボイス発行事業者じゃない人から買ってるのに仕入税額控除ができちゃう、って。

「消費税の軽減税率に関する検討について」（自由民主党・公明党（与党税制協議会）平成26年6月5日）の資料7にはこんな風にあるよ。

✔ 区分経理の仕組みのC案・D案においては、消費者や免税事業者（以下「消費者等」）からの仕入については仕入税額控除が認められない。その結果、商品の大部分を消費者等から仕入れざるを得ない中古品販売業者（中古自動車販売業者、質屋、古物・美術商、古本屋 等）においては仕入税額控除ができないため、中古品取引に影響を及ぼすおそれがある。

✔ 欧州諸国においてはこうした問題を避ける観点から、中古品の販売については、その実現したマージン（売価－仕入価格）のみを課税対象とする特例が設けられている。

対応試案

以下に掲げる物品（以下「古物等」という。）の譲渡のうち、その仕入について税額別記請求書等の交付が受けられないものについては、他の取引と区分して、その譲渡に係る個々のマージンを課税標準とする特例（以下「マージン課税」という。）の適用を認めることとする。

$$\boxed{\begin{array}{c}\text{古物等の譲渡に}\\\text{係る課税標準額}\end{array}} = \left[\boxed{\begin{array}{c}\text{その古物等}\\\text{の税込売価}\end{array}} - \boxed{\begin{array}{c}\text{その古物等}\\\text{の仕入価格}\end{array}}\right] \times 1 \Big/ \left[\,1 + \text{税率}\,\right]$$

（出典：「消費税の軽減税率に関する検討について」（自由民主党・公明党（与党税制協議会）
平成26年6月5日））

マージン課税？

粗利を課税標準にするからマージン課税。インボイスが導入されれば中古品取引にかなりの影響が出る。中古品取引がなくなったら国の経済にも国民生活にも影響は小さくない。そこで、欧州諸国の制度を導入しようと検討していたみたいだね。

でも、マージン課税の適用を受けるためには、原則として、古物等を一品管理し、仕入れに係る情報（仕入先、仕入価格）だけではなく売上げに係る情報（売上先、販売価格）も明らかにする必要がある。

それはめんどくさすぎる。中古品取引業者が大変。

だから、マージン課税を導入する代わりに中古品取引はインボイスがなくても OK、としたんだよ。

インボイス発行事業者ではない者からの再生資源などの購入も仕入税額控除できる（P86 ⑥参照）。事業者以外の者から再生資源などを購入する場合、仕入れの相手方の住所はいらない。事業者の場合は住所が必要だよ。

買い手の帳簿への追加記載事項

⑥　適格請求書発行事業者でない者からの再生資源又は再生部品の購入

　A　帳簿のみの保存で仕入税額控除が認められるいずれかの仕入れに該当する旨
　　　→再生資源購入特例など
　B　仕入れの相手方の住所又は所在地
　　　→事業者以外の者から購入する場合は住所記載不要

" 自動販売機特例 "

次は、自動販売機（P86 ⑦参照）。

自動販売機って、取引先の名前は伊藤園とかアサヒ飲料とか？
JR 東日本の駅ナカで買ったら acure だよね。

あれは JR 東日本クロスステーションって会社が設置している
自販機よ。

知らなかった、そういう名前なんだ。
住所又は所在地はどうするんだろう。

本社の住所かしら。
それとも所在地を取って自販機が設置してある場所？

自販機の場合、「○○市 自販機」と書けば OK だよ（国税庁
Q&A 問 98）。

自販機の他に、自動サービス機もこの特例の対象だよ（国税庁
Q&A 問 40）。

自動サービス機って何ですか？

コインロッカーやコインランドリー、ATM だね。

駅の構内にある蕎麦屋は？ 食券売ってるヤツ。

この特例は、機械装置だけで支払いとサービスやモノの提供が完結するものしか該当しないんだ。食券は機械だけじゃ完結しないからダメなんだよ。

そうか、蕎麦を作って出してくれるのはお店の人だ。

ということは、コンビニのセルフレジもダメですね。コインパーキングもダメ。

そう。金融機関の ATM は特例対象。「××銀行□□支店 ATM」と書けばいい（国税庁 Q&A 問 98）。でも、ネットバンキングは対象外だから気を付けてね。

なんだかクイズみたいだな

買い手の帳簿への追加記載事項

⑦　適格請求書の交付義務が免除される３万円未満の自動販売機及び自動サービス機からの商品の購入等

　　A　帳簿のみの保存で仕入税額控除が認められるいずれかの仕入れに該当する旨
　　　　→自動販売機特例など
　　B　仕入れの相手方の住所又は所在地
　　　　→自販機の設置場所（例）〇〇市 自販機

66 郵便ポスト 99

次は郵便ポスト（P86 ⑧参照）。これは住所いらない。

助かります。郵便物を入れた郵便ポストの住所をイチイチ調べなきゃいけないなんてめまいがします。

切手は、通達で処理しちゃってないかな？

通達？

消費税法基本通達 11－3－7 だよ。切手を買うのは郵便物の集配のサービスを受けるためにあらかじめ現金を切手にしておくだけで、切手に換えたときに課税とすると、ポストに投函（サービスを受ける）したときに課税されるんだから二度課税されることになってしまう。

それを避けるため現金を切手にする時には非課税としているんだけど、ポストに投函するたびに課税に振り替えるなんてやってられないじゃない？

そうね。

購入者が自ら使用する場合には、継続適用を要件として、購入と使用を同時とし、購入時に課税仕入れとして処理することができるとされているってヤツだよ。

インボイスが始まってもその取扱いで問題ないはずだから、郵便局からもらうレシートは非課税ってあるけれど、仕入税額控除して構わないと思うよ。

買い手の帳簿への追加記載事項

⑧　適格請求書の交付義務が免除される郵便切手類のみを対価とする郵便・貨物サービス（郵便ポストに差し出されたものに限ります。）

　A　帳簿のみの保存で仕入税額控除が認められるいずれかの仕入れに該当する旨
　　　→郵便ポスト
　B　仕入れの相手方の住所又は所在地
　　　→記載不要

66 出張旅費等特例 99

最後に従業員の交通費（P86⑨参照）。これも、業法の台帳と似ていて、雇用契約書とかで従業員の住所なんてわかるんだから住所は帳簿に書かなくて OK。

買い手の帳簿への追加記載事項

⑨　従業員等に支給する通常必要と認められる出張旅費等（出張旅費、宿泊費、日当及び通勤手当）

　A　帳簿のみの保存で仕入税額控除が認められるいずれかの仕入れに該当する旨
　　　→出張旅費等特例など
　B　仕入れの相手方の住所又は所在地
　　　→記載不要

ここの、「通常必要と認められる」日当系は所得税基本通達9－3で判定するよ（国税庁Q&A問95）。いろいろ書いてあるけれど、要は勤務先を離れて職務を遂行するための、業務に必要な旅行代は非課税といっている。

所得税基本通達 9－3　非課税とされる旅費の範囲

　法第9条第1項第4号の規定により非課税とされる金品は、同号に規定する旅行をした者に対して使用者等からその旅行に必要な運賃、宿泊料、移転料等の支出に充てるものとして支給される金品のうち、その旅行の目的、目的地、行路若しくは期間の長短、宿泊の要否、旅行者の職務内容及び地位等からみて、その旅行に通常必要とされる費用の支出に充てられると認められる範囲内の金品をいうのであるが、当該範囲内の金品に該当するかどうかの判定に当たっては、次に掲げる事項を勘案するものとする。
　（1）　その支給額が、その支給をする使用者等の役員及び使用人の
　　　　全てを通じて適正なバランスが保たれている基準によって計算
　　　　されたものであるかどうか。
　（2）　その支給額が、その支給をする使用者等と同業種、同規模の
　　　　他の使用者等が一般的に支給している金額に照らして相当と認
　　　　められるものであるかどうか。

通勤手当については所得税法施行令で非課税とされる通勤手当の金額を超えていても構わない（国税庁Q&A問96）。通勤に通常必要と認められるのであれば全額仕入税額控除できる。

所得税で給与課税されても、仕入税額控除はできるんですね。

❝ 少額特例 ❞

これに令和 5 年度税制改正で経過措置が用意されたんだ。

基準期間における課税売上高が 1 億円以下又は特定期間における課税売上高が 5,000 万円以下である事業者が、課税仕入れに係る支払対価の額が 1 万円未満である場合には、一定の事項が記載された帳簿のみの保存による仕入税額控除が認められることになったんだ。

え、すごい。

ただし、これは経過措置。令和 5 年 10 月 1 日から令和 11 年 9 月 30 日までの間に国内において行う課税仕入れが対象。期限アリ、というところに気を付けないとね。

支払対価が 1 万円未満ということは、税込 1 万円未満ということね。9,000 円と 8,000 円の商品を同時に購入したらどうなるのかしら？

支払った額は 17,000 円だからダメでしょ。1 回の取引の合計額で考えないと。

基準期間における課税売上高が 1 億円以下又は特定期間における課税売上高が 5,000 万円以下である事業者限定というところも注意だよ。

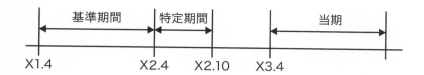

X1.4 ── 基準期間 ── X2.4 ── 特定期間 ── X2.10 ── X3.4 ── 当期

基準期間とかの課税売上高を気にして、さらに経過措置かあ。

インボイスがなくても OK なのは助かるけれど、チェックするところがまた増えるわね。

いっそのこと、恒久的措置にしてほしかった……。

本音としては課税売上高が 1 億円をいったりきたりしているところにはあまり使いたくないね。インボイス今期は気にしなくていいよ、今期は気にしてね、って混乱しそう……。

しかも、課税期間の途中であっても令和 11 年 10 月 1 日以後はこの少額特例の適用はないんだよね。

課税期間の途中で使えなくなるってヒドいな

例：令和11年1月1日から令和11年12月31日までの課税期間の
インボイスの要否（個人事業者の場合）

第6章

• • •

返還インボイス

01 返還インボイスを交付する

66 対価の返還を行った場合 99

課税売上げに係る対価の返還を行った場合、返還インボイス（適格返還請求書）を交付する義務があるよ。返品があったり、販売奨励金や事業分量配当金とか、つまりリベートを払った場合なんかがこれに該当する。

返還インボイスの記載事項

① 適格請求書発行事業者の氏名又は名称及び登録番号
② 売上げに係る対価の返還等を行う年月日及びその売上げに係る対価の返還等の基となった課税資産の譲渡等を行った年月日（適格請求書を交付した売上げに係るものについては、課税期間の範囲で一定の期間の記載で差し支えありません。）
③ 売上げに係る対価の返還等の基となる課税資産の譲渡等に係る資産又は役務の内容（売上げに係る対価の返還等の基となる課税資産の譲渡等が軽減対象資産の譲渡等である場合には、資産の内容及び軽減対象資産の譲渡等である旨）
④ 売上げに係る対価の返還等の税抜価額又は税込価額を税率ごとに区分して合計した金額
⑤ 売上げに係る対価の返還等の金額に係る消費税額等又は適用税率

（出典：国税庁 Q&A 問51）

66 いつの返品かわからない場合 99

小売業のような日々商品の返品が発生するような業態の場合には、返品となった商品をいつ売り上げたのか正確にはわからない場合もある。そういうときは月単位や4月～5月分といった記載でもいい（国税庁Q&A問52）。

66 販売奨励金を支払う 99

あとは販売奨励金の場合だけど、販売奨励金を支払う側が作成するのは何？（国税庁Q&A問54）

販売奨励金は……
対価の返還だからこれも返還インボイスですよね。

販売奨励金は何をいくら売ったらそれの何パーセントといった感じで契約で決まっていて、いくらもらえるか計算すればわかるから、もらう方が請求書を作成することがある。このとき、請求書に書くべき登録番号は誰の登録番号？

今回は買い手側が作成するけれど、本来、返還インボイスはインボイスを交付した売り手が作成するもの……？

……作成する買い手側じゃなくて、請求される売り手側の登録番号だ！

そう。請求される売り手側にとっては対価の返還だから、仕入税額控除じゃない。作成する買い手側の登録番号はいらないんだ。

うっかりすると、請求するからって自社の登録番号を書きたく なるなあ。

請求する側にとっては自社の仕入税額控除の額の修正になるか ら相手の登録番号が必要。気を付けないとね。

 ややこしいですね ✎ 頭の体操みたい。

返還インボイスとして必要な事項が記載された
販売奨励金に係る請求書の記載例

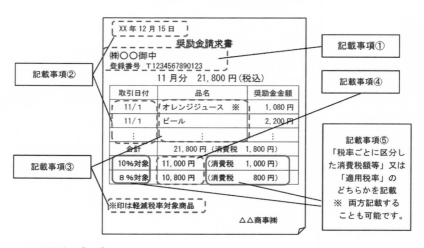

※ 記載事項①～⑤は、P106参照

（出典：国税庁 Q&A 問54）

66 ひとつの書類で 99

インボイスと返還インボイスをひとつの書類で交付することもできるよ（国税庁 Q&A 問 53）。通常の請求書に販売奨励金も書いてある。

その方がよく見かけるかも。

売上げの部分と販売奨励金の部分を分けてもいいし、継続しているなら売上げと販売奨励金を相殺することも可能。

課税資産の譲渡等の金額と
対価の返還等の金額をそれぞれ記載する場合

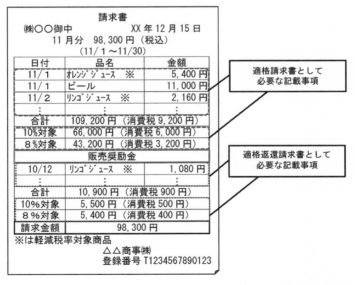

（出典：国税庁 Q&A 問53）

対価の返還等を控除した後の金額を記載する場合の記載例

<table>
<tr><td colspan="3" align="center">請求書</td></tr>
<tr><td colspan="2">㈱○○御中</td><td>XX 年 12 月 15 日</td></tr>
<tr><td colspan="3">11 月分　98,300 円（税込）</td></tr>
<tr><td colspan="3" align="center">(11/1 ～11/30)</td></tr>
<tr><td>日付</td><td>品名</td><td>金額</td></tr>
<tr><td>11/1</td><td>オレンジ ジュース　※</td><td>5,400 円</td></tr>
<tr><td>11/1</td><td>ビール</td><td>11,000 円</td></tr>
<tr><td>11/2</td><td>リンゴ ジュース　※</td><td>2,160 円</td></tr>
<tr><td>⋮</td><td>⋮</td><td>⋮</td></tr>
<tr><td>合計</td><td colspan="2">109,200 円（消費税 9,200 円）</td></tr>
<tr><td colspan="3" align="center">販売奨励金</td></tr>
<tr><td>10/12</td><td>リンゴ ジュース　※</td><td>1,080 円</td></tr>
<tr><td>⋮</td><td>⋮</td><td>⋮</td></tr>
<tr><td>合計</td><td colspan="2">10,900 円（消費税 900 円）</td></tr>
<tr><td>請求金額</td><td colspan="2">98,300 円（消費税 8,300 円）</td></tr>
<tr><td>10%対象</td><td colspan="2">60,500 円（消費税 5,500 円）</td></tr>
<tr><td>8 ％対象</td><td colspan="2">37,800 円（消費税 2,800 円）</td></tr>
</table>

※は軽減税率対象商品

△△商事㈱
登録番号 T1234567890123

> 継続的に、
> ①課税資産の譲渡等の対価の額から売上げに係る対価の返還等の金額を控除した金額及び
> ②その金額に基づき計算した消費税額等を
> 税率ごとに記載すれば記載事項を満たします。

（出典：国税庁 Q&A 問53）

02 返還インボイスにならないケース

66 販売奨励金だけど 99

販売個数や取引高に応じて販売奨励金を支払う場合、その対象商品の税率となるよ。お酒なら10%、ジュースなら8%。でも、販路拡大の奨励金は「役務提供の対価」なんだ（国税庁「消費税の軽減税率制度に関するQ＆A（個別事例編）」問42）。

役務提供……、ということはリベートではない？
販売奨励金ってリベートとイコールだと思ってました。

販売奨励金というと対価の返還であるリベートをイメージしやすいんだけど、イコールじゃないんだ。奨励金の対象が販路拡大なら税率は10%。食品の販路拡大は返品や値引きではなく役務の提供だからね。

奨励金受取り側の登録番号が必要になるんですね。

元の取引の税率に準じるもの、そうでないものを一覧にするとこんな感じになるよ。10%になる取引は返還インボイスにならない。

販売奨励金（いわゆるリベート等）について

※軽減税率適用商品を販売していることを前提に記載

「販売奨励金」の種類		製造業者等	食品卸売業者等	小売店等	
① リベート ※ 販売数量等に応じて支払われる奨励金	製造→卸売	売上割戻し （基通 14-1-2） 【8％】	仕入値引き （基通 12-1-2） 【8％】		元の取引の税率に準じます
	卸売→小売		売上割戻し （基通 14-1-2） 【8％】	仕入値引き （基通 12-1-2） 【8％】	
	製造→小売	売上割戻し （基通 14-1-2） 【8％】		仕入値引き （基通 12-1-2） 【8％】	
② 奨励金	※ 対価の増額として支払われるもの	売上加算 （食品価額に係る値増金） 【8％】	仕入加算 （食品価額に係る値増金） 【8％】		
	※ 早期生産等の対価として支払われるもの	役務提供の対価（売上げ） 【10％】	役務提供の対価（仕入れ） 【10％】		
③ 販路拡大に係るもの ※ 販路拡大等の対価として支払われる奨励金			役務提供の対価（仕入れ） 【10％】	役務提供の対価（売上げ） 【10％】	
④ 委託販売に係るもの ※ 委託販売数量等に応じて委託手数料の増額として支払われる奨励金			仕入加算 （委託手数料に係る値増金） 【10％】	売上加算 （委託手数料に係る値増金） 【10％】	

（注） 上記リベート等の課税関係については、「※」に記載した性格のものであることを前提とした整理である点に留意してください。

（出典：国税庁ホームページ）

💬 ポイント値引き、割引券 💬

値引きって、店頭で一部ポイントを使って支払うのもあるじゃない？ あれは返還インボイスを交付する必要があるの？

店頭で自社発行ポイントや割引券を来店客が使用した場合は値引き後の額で取引したと考えていいから、返還インボイスを交付する必要はないよ。

来店客側も、値引き後の金額で課税仕入れの額として処理していいってことですか？

そうだね。店側が発行するレシートは税率ごとに区分した値引き後の金額を明らかにする必要がある。

A：値引き後の「税込価額を税率ごとに区分して合計した金額」を記載する方法

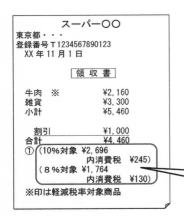

① 値引き後の税込価額を税率ごとに区分して合計した金額

(注)　値引額は以下のとおり、資産の価額の比率であん分し、税率ごとに区分しています。

　　10％対象：1,000×3,300/5,460≒604

　　8％対象：1,000×2,160/5,460≒396

　　また、値引き後の税込価額は次のとおり計算しています。

　　10％対象：3,300−604＝2,696

　　8％対象：2,160−396＝1,764

「消費税額等」は値引き後の税込価額から計算します。

（出典：国税庁 Q&A 問60）

次のＢのように、「税率ごとに区分された値引き前の価額」と「税率ごとに区分された値引き額」がレシートで明らかになっているのであれば、税率ごとに区分した値引き後の金額が明らかになっているものと取り扱われるよ。

Ｂ：値引き前の「税抜価額又は税込価額を税率ごとに区分して合計した金額」と税率ごとの値引額を記載する方法

```
            スーパー〇〇
東京都・・・
登録番号 T 1234567890123
 XX 年 11 月 1 日
            領 収 書

牛肉   ※          ¥2,160
雑貨             ¥3,300
小計             ¥5,460
①       (10%対象 ¥3,300)
        (8％対象 ¥2,160)

割引             ¥1,000
②       (10%対象 ¥604)
        (8％対象 ¥396)

合計   ¥4,460
        (10%対象消費税  ¥245)
        (8％対象消費税  ¥130)

※印は軽減税率対象商品
```

① 値引き前の税込価額を税率ごとに区分して合計した金額
② 税率ごとの値引額
（注） 値引額は以下のとおり、資産の価額の比率であん分し、税率ごとに区分しています。
  10%対象：1,000×3,300/5,460≒604
  8％対象：1,000×2,160/5,460≒396
※ ①及び②の記載がそれぞれある場合、値引き後の「税込価額を税率ごとに区分して合計した金額」の記載があるものとして取り扱われます。

  10%対象：3,300−604＝2,696
  8％対象：2,160−396＝1,764

「消費税額等」は値引き後の税込価額から計算します。

（出典：国税庁 Q&A 問60）

これ、Ｂのレシートをもらったら、
会計システムに入力がめんどくさいな。

入力するときに電卓をいれなきゃいけなくなるわよね。

レジシステムもどこまで対応できるかわからないよね。国税庁Q&A 問 60 には、たとえ標準税率の方からのみ値引きしたとしても、税率ごとに区分して合計した値引き後の金額がわかるのであれば、適用税率ごとに合理的に区分されているものに該当すると書いてあるよ。

どちらかの税率に寄せて値引きしていいんだ。

A：値引き後の「税込価額を税率ごとに区分して合計した金額」を記載する方法

**B：値引き前の「税抜価額又は税込価額を税率ごとに区分して
合計した金額」と税率ごとの値引額を記載する方法**

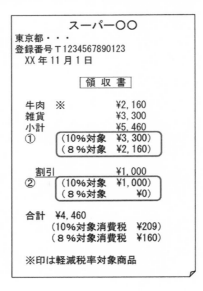

スーパー〇〇

東京都・・・
登録番号 T1234567890123
XX 年 11 月 1 日

領 収 書

牛肉 ※	¥2,160
雑貨	¥3,300
小計	¥5,460

① （10％対象　¥3,300）
　（8％対象　¥2,160）

| 割引 | ¥1,000 |

② （10％対象　¥1,000）
　（8％対象　　¥0）

合計　¥4,460
　（10％対象消費税　¥209）
　（8％対象消費税　¥160）

※印は軽減税率対象商品

ということは、按分しなくてもいいってこと？

そういうことになるね。

どちらかに寄せる場合って、10％ じゃなきゃいけないんですか？

そんなことはないよ。軽減税率の 8％ でも大丈夫。

❝ 出精値引きはどうする？ ❞

> 標準税率から引くのか、軽減税率から引くのか、はたまた値引きは全部どっちかに寄せるか。とすると、リフォーム工事とかでよくある出精値引きってどうなるのかな？

> よく見かけるよね、端数を値引くやり方。
> これも同じように考えていいんだよ（国税庁 Q&A 問 61）。

課税資産の譲渡等の対価の額から直接減額して処理する場合の記載例

請求書

㈱〇〇御中			XX 年 11 月 1 日
No	日付	品名	金額
1	10/1	オレンジジュース※	100 円
2	10/1	キッチンペーパー	1,000 円
3	10/1	リンゴジュース※	300 円
⋮	⋮	⋮	⋮
	10%対象	税抜 5,200 円	消費税額 520 円
	8%対象	税抜 5,100 円	消費税額 408 円
	総計		11,228 円
	出精値引き		▲228 円
	値引き後総計		11,000 円
	10%対象	税抜 5,096 円	消費税額 509 円
	8%対象	税抜 4,996 円	消費税額 399 円

※印は軽減税率対象商品

△△商事㈱
登録番号 T1234567890123

「出精値引き」額を合理的に区分
（資産の譲渡等の税抜価額の比率で按分）

《10%対象》
228 円 × 5,200/（5,200＋5,100）
≒ 115 円（税込値引額）
（5,200 円＋520 円）－115 円＝5,605 円（値引き後の税込対価の額）
5,605 円 × 10/110＝509 円（値引き後の対価に係る消費税額）
5,605 円－509 円＝5,096 円（値引き後の税抜対価の額）

《8%対象》
228 円 × 5,100 /（5,200＋5,100）
≒ 113 円（税込値引額）
（5,100 円＋408 円）－113 円 = 5,395 円（値引き後の税込対価の額）
5,395 円 × 8/108≒399 円（値引き後の対価に係る消費税額）
5,395 円－399 円＝4,996 円（値引き後の税抜対価の額）

（出典：国税庁 Q&A 問61）

こんな風に出てはいるけれど、その下にこうやって書いてある。

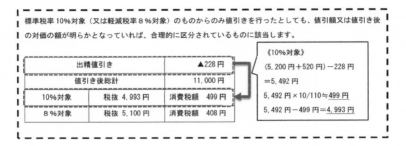

標準税率10%対象（又は軽減税率8％対象）のものからのみ値引きを行ったとしても、値引額又は値引き後の対価の額が明らかとなっていれば、合理的に区分されているものに該当します。

出精値引き		▲228円
値引き後総計		11,000円
10%対象	税抜 4,993円	消費税額　499円
8％対象	税抜 5,100円	消費税額　408円

《10%対象》
(5,200円＋520円)－228円
＝5,492円

5,492円×10/110≒499円

5,492円－499円＝4,993円

（出典：国税庁 Q&A 問61）

国税庁 Q&A 問 60 と同じですね。

究極、値決めの問題になるというか。これから行う課税資産の譲渡等の対価の額に係る値引きの場合、対価の額の直接減額でいい。でも、既に行った課税資産の譲渡等の対価の額に係る値引きの場合は、売上げに係る対価の返還等となる。

返還インボイスになるってことか。

そうだね。出精値引きはその請求全体に対して値引くから、返還インボイスの記載事項③とインボイスの記載事項③の内容は同一。特に記載の必要はないからインボイスに値引きを記載してしまえばいい。ひとつの書類でインボイスと返還インボイスになるよ。

インボイスの記載事項

① 適格請求書発行事業者の氏名又は名称及び登録番号
② 課税資産の譲渡等を行った年月日
③ 課税資産の譲渡等に係る資産又は役務の内容（課税資産の譲渡等が軽減対象資産の譲渡等である場合には、資産の内容及び軽減対象資産の譲渡等である旨）
④ 課税資産の譲渡等の税抜価額又は税込価額を税率ごとに区分して合計した金額及び適用税率
⑤ 税率ごとに区分した消費税額等
⑥ 書類の交付を受ける事業者の氏名又は名称

返還インボイスの記載事項

① 適格請求書発行事業者の氏名又は名称及び登録番号
② 売上げに係る対価の返還等を行う年月日及びその売上げに係る対価の返還等の基となった課税資産の譲渡等を行った年月日（適格請求書を交付した売上げに係るものについては、課税期間の範囲で一定の期間の記載で差し支えありません。）
③ 売上げに係る対価の返還等の基となる課税資産の譲渡等に係る資産又は役務の内容（売上げに係る対価の返還等の基となる課税資産の譲渡等が軽減対象資産の譲渡等である場合には、資産の内容及び軽減対象資産の譲渡等である旨）
④ 売上げに係る対価の返還等の税抜価額又は税込価額を税率ごとに区分して合計した金額
⑤ 売上げに係る対価の返還等の金額に係る消費税額又は適用税率

売上げに係る対価の返還等として処理する際に交付すべきインボイスと返還インボイスを一の書類で交付する場合の記載例

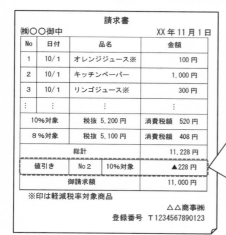

本件出精値引きの場合には、「売上げに係る対価の返還等の基となる課税資産の譲渡等に係る資産又は役務の内容」について、個別の取引内容を記載する必要はありません。

値引き	No 2	10%対象	▲228 円

また、税率が単一の場合は、「売上げに係る対価の返還等の金額に係る適用税率」を記載する必要はありません。

出精値引き	No 2	10%対象	▲228 円

（出典：国税庁 Q&A 問61）

値引きの時期がはっきりしない場合は、課税資産の譲渡等の対価の額から直接減額して処理する方法と、売上げに係る対価の返還等として処理する方法、どちらでもいいとされてるね。

03 返還インボイスの交付義務

66 返還インボイスは求められなくても交付する 99

あんまり今まで意識してこなかったので、返還インボイスってちょっと厄介ですね。

ちゃんと出さないと、買い手の仕入税額控除のし過ぎに繋がるから大事なんだよ。返還インボイスは、インボイスの修正と同じで、相手方から求められなくても交付しなきゃいけないんだ。

新消費税法第57条の4第3項

　売上げに係る対価の返還等（……）を行う適格請求書発行事業者は、当該売上げに係る対価の返還等を受ける他の事業者に対して、次に掲げる事項を記載した請求書、納品書その他これらに類する書類（以下この条において**「適格返還請求書」**という。）を**交付しなければならない。**

ほんとだわ。新消費税法第57条の4第3項には、第57条の4第1項（P9参照）にはあった「交付を求められたときは」がありませんね。

❝ インボイス交付免除の取引は返還インボイスも不要 ❞

とは言うものの、インボイスの交付義務が免除されている売上げについてはその返品などに対しても返還インボイスを交付する義務はないよ。

返還インボイスの交付義務が免除される場合

①　3万円未満の公共交通機関（船舶、バス又は鉄道）による旅客の運送

②　出荷者等が卸売市場において行う生鮮食料品等の販売（出荷者から委託を受けた受託者が卸売の業務として行うものに限ります。）

③　生産者が農業協同組合、漁業協同組合又は森林組合等に委託して行う農林水産物の販売（無条件委託方式かつ共同計算方式により生産者を特定せずに行うものに限ります。）

④　3万円未満の自動販売機及び自動サービス機により行われる商品の販売等

⑤　郵便切手類のみを対価とする郵便・貨物サービス（郵便ポストに差し出されたものに限ります。）

（出典：国税庁 Q&A 問27）

❝ 取引先が負担してくれなかった振込手数料 ❞

ここまで説明すれば話題にできるのがこれだね。売掛金入金時の振込手数料が勝手に差し引かれる問題。

公共交通機関特例のようなインボイスがなくても仕入税額控除できるケース以外は仕入税額控除にはインボイスが必要。売掛金 10,000 円請求したところ、880 円不足で 9,120 円しか入金されないことってたまにあるでしょ。

ありますね、振込手数料負担してくれないこと。

そう、本当は買い手に負担して欲しかったこの 880 円、どうしてる？

お客様が、取引先に請求できないっておっしゃるので、雑費で経費計上しています。

たいてい、こういうことしてくるのって元請けだったりするよね。

そうなの。元請けには強く出られないわ。

今はそれで問題ないけれど、インボイス制度がスタートしたら？仕入税額控除するには何が必要？

あ、仕入税額控除するにはこれもインボイスが必要!?

そういうことになるね。

振込手数料の領収書を持っているのはお客様の取引先で……
まさかそれをもらうだなんて無理ですよ。

そうすると、仕入税額控除ができなくなる。

ええっ！

お客様が仕入税額控除を行うためには，お客様の取引先が金融
機関から受領した振込サービスに係るインボイスと立替金精算
書の交付を受けて、これを保存することが必要。

絶対無理です！

落ち着いて 🎵
お客様の取引先が振込みしたのが ATM なら自動販売機特例が
使える。インボイスを取引先からもらわなくても大丈夫。

よかった。

でも、自動販売機特例が使えるのは ATM からの振込みの場合
のみ。取引先に ATM からの振込みですか？って確認する必要
がある。

いやそれも無理でしょ 🎵

無理だよね、そんなの。こんなときは、値引き処理をして返還インボイスを交付すればいい。記載内容が書かれているなら何でもいい。メールでもいいんだ。

ひな形を作っておいて、メールに添付して送るようにしておけば使いまわしができて便利かも。

これからは、「雑費」じゃなくて「売上値引高」で計上して、税区分は「課税売上げに係る対価の返還等」を選ぶことになるのね。

取引先が振込手数料をちゃんと負担してくれれば問題ないんだけどね。

メールによる返還インボイスの文例

〇月〇日付の請求に関して□月□日に 19,120 円のお振込みを確認いたしました。
なお、請求書記載の 20,000 円との差額 880 円（消費税 10%）については、振込手数料相当額として〇〇の価格からの値引きとします。

（株）〇〇〇〇
登録番号 T123456…

（出典：週刊税務通信 No.3682）

しかし、メールするのもめんどくさいなあ。

実は、これが令和 5 年度税制改正で、いらなくなったんだ。

税込価額1万円未満の値引きや返品等について、**返還インボイスがいらない**とされたんだ。これは誰でも使える恒久的措置だよ。

 よかった！ 相手にATMですか？って聞いたり、返還インボイスを作成する手間がなくなるんですね。

 インボイス、イレギュラーがどんどん増えるなぁ。

実務上、なくていいのはありがたいけれど、竹橋くんのいうようにイレギュラーが多いと覚えていられないよね、こっちも。

雑費や支払手数料で計上して、課税仕入れとして処理してしまうとインボイスが必要となる。雑費などで処理していても、税区分を対価の返還等を選べば大丈夫。

第7章

•••

税額の計算

INVOICE

01 割戻し計算と積上げ計算

66 割戻し計算 99

インボイス制度になると、税額の計算方法が変わるんだよ。今は売上げも仕入れも割戻し計算。コンビニなどの小売りは「課税標準額に対する消費税額の計算の特例」（旧消費税法施行規則第22条第1項）を使っているなら売上げは積上げ計算だね。

売上税額の計算はインボイス制度がスタートしても、今と変わらず割戻し計算が原則だけど、仕入税額の計算は積上げ計算が原則になる。

割戻し？　積上げ？　前にも何かありましたね（P15）。

今は割戻し計算が原則。たとえ税抜経理で本体価格と消費税額が帳簿上分かれていても、本体価格と消費税額を合算した金額から計算をスタートするんだよ。

売上税額の割戻し計算（現行：原則）

税込課税売上高× 100/110 ＝税抜課税売上高（千円未満切捨て）
→課税標準額
課税標準額× 7.8％ ＝消費税額（標準税率）①

税込課税売上高× 100/108 ＝税抜課税売上高（千円未満切捨て）
→課税標準額
課税標準額× 6.24％ ＝消費税額（軽減税率）②

①＋②＝売上税額

仕入税額の割戻し計算（現行：原則）

税込課税仕入高× 7.8/110 ＝課税仕入れに係る消費税額（標準税率）

税込課税仕入高× 6.24/108 ＝課税仕入れに係る消費税額（軽減税率）

①＋②＝仕入税額

× 100/110 ってことは、1.1 で割るのと同じだものね。
6.24 や 7.8 というのは？　8や 10 ならわかるんだけど。

消費税は国税と地方税の合算で 8%、10% だよ。

	標準税率	軽減税率
消費税率	7.8%	6.24%
地方消費税率	2.2% （消費税額の 22/78）	1.76% （消費税額の 22/78）
合計	**10%**	**8%**

消費税の計算は、正しくは先に国税分を計算するんだ。

地方消費税は、国税の額に× 22/78 で計算してるんだよ。

だから 8 ％や 10 ％じゃないんですね。
あと、積上げ計算って何ですか？

66 積上げ計算 99

1枚1枚レシートに消費税額が書いてあるじゃない？
それを足し合わせた額を売上税額や仕入税額にするってこと。

スーパーZEIKEN

○○○○○○○○○店
○○県○○市○ー○ー○
電話：△△ー△△△△

0000年2月26日(水)

〈領 収 書〉

マスクグレー 3枚入り ¥474
マスク フツウホワイト7マイイリ
　　　　　　　@369×2 ¥738
マスク フツウサイズ 7マイ ¥246

小計（税抜10%） ¥1,458
消費税等（10%） ¥145
合計 ¥1,603
（税率 10%対象 ¥1,603）
（内消費税等10% ¥145）
お預り ¥1,603
お釣り ¥0

お買上明細は上記のとおりです。

スーパーZEIKEN

○○○○○○○○○店
○○県○○市○ー○ー○
電話：△△ー△△△△

0000年8月17日(月)

〈領 収 書〉

パイナップルサイダー500ml ＊¥93

小計(税抜8%) ¥93
消費税等(8%) ¥7
合計 ¥100
（税率 8%対象 ¥100）
（内消費税等8% ¥7）
お預り ¥100
お釣り ¥0

お買上明細は上記のとおりです。

＊マークは軽減税率対象です。

スーパーZEIKEN

○○○○○○○○○店
○○県○○市○ー○ー○
電話：△△ー△△△△

0000年4月3日(金)

〈領 収 書〉

サージカルマスク　ふつう7枚入
　　　　　　　@298×2 ¥596
ツイストドーナツ3本入 ＊¥98

小計（税抜 8%） ¥98
消費税等（ 8%） ¥7
小計（税抜10%） ¥596
消費税等（10%） ¥59
合計 ¥760
（税率 8%対象 ¥105）
（税率 10%対象 ¥655）
（内消費税等8% ¥7）
（内消費税等10% ¥59）
お預り ¥760
お釣り ¥0

お買上明細は上記のとおりです。

例えば、この3枚のレシートだったら8%分が 7+7 ＝ 14円、
10%分が 145+59 ＝ 204円。

印字してある数字そのものを足し合わせるんですね。

66 売上税額の計算は積上げ計算が有利 99

 売上税額の計算では、積上げ計算の方が割戻し計算より有利になるし、使えるなら使いたいですよね。

 どうして割戻し計算より積上げ計算の方が有利になるのかしら？

比較してみようか。

【前提】
1 個当たりの販売価格 100 円
（軽減税率対象商品消費税額 7 円（100 円× 8 /108 ＝ 7.407……
円→ 7 円（1 円未満の端数切捨て））の商品を 3,000 回販売する。

税込売上高
　販売価格 100 円（税込）× 3,000 回（個）＝ 300,000 円

（1）積上げ計算の場合の消費税額
　　7 円× 3,000 回（個）＝　21,000 円
（インボイスに記載された消費税額等 7 円を 3,000 回積み上げた金額）

（2）割戻し計算の場合の消費税額
　　300,000 円（税込売上高）× 100/108 ＝ 277,777.777……円
　　→ 277,000 円（千円未満切捨て）
　　277,000 円× 8 ％（軽減税率）＝ 22,160 円

 積上げ計算の方が、割戻し計算よりも少ないですね。

割戻し計算だと、切り捨てられたはずの端数の敗者復活が起こっちゃうんだよ。ここから仕入税額を控除して消費税の納税額を計算するんだから、売上税額は少ない方がいい。

逆に、仕入税額を計算するときは多い方が有利だから割戻し計算が有利になるよね。

66 できる組み合わせ、できない組み合わせ 99

組み合わせには注意して欲しい。どちらも有利な方法を選べないんだよ。売上税額を積上げ計算するときは、仕入税額も積上げ計算しか選べない。

インボイス制度下における売上税額と仕入税額の計算方法

売上税額	仕入税額
【割戻し計算】（原則） 　売上税額は、税率の異なるごとに区分した課税標準である金額の合計額にそれぞれ税率を掛けて計算します。 　この方法を採用する場合、仕入税額は積上げ計算（原則）又は割戻し計算（特例）のいずれかを選択することができます。	【積上げ計算】（原則） 　仕入税額は、原則として適格請求書等に記載された消費税額等を積み上げて計算します。 【割戻し計算】（特例） 　課税期間中に国内において行った課税仕入れに係る支払対価の額を税率の異なるごとに区分した金額の合計額にそれぞれの税率に基づき割り戻し、仕入税額を計算することもできます。
【積上げ計算】（特例） 　相手方に交付した適格請求書等の写しを保存している場合（適格請求書に係る電磁的記録を保存している場合を含みます。）には、これらの書類に記載した消費税額等を積み上げて売上税額を計算することができます。	【積上げ計算】（原則） 　仕入税額は、原則として適格請求書等に記載された消費税額等を積み上げて計算します。 　売上税額の計算において「積上げ計算」を選択した場合、仕入税額の計算では「割戻し計算」を適用することはできません。

※　売上税額の計算方法において、「割戻し計算」と「積上げ計算」を併用することは認められていますが、仕入税額の計算方法において、「積上げ計算」と「割戻し計算」を併用することはできません。

（出典：国税庁 Q&A 問100）

この国税庁 Q&A の表だけ見ても全部把握はしきれないと思うんだよね。細かく書くとこんな感じになる。

「帳簿積上げ計算」はあとで説明するよ（P136 参照）。

インボイス制度における適用可能な税額計算の組合せ

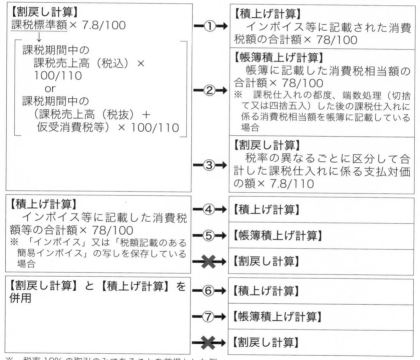

売上に係る消費税額の計算方法　〈組合せ〉　仕入に係る消費税額の計算方法

売上に係る消費税額の計算方法	〈組合せ〉	仕入に係る消費税額の計算方法
【割戻し計算】 課税標準額× 7.8/100 ↓ 課税期間中の 　課税売上高（税込）× 　100/110 　or 課税期間中の （課税売上高（税抜）＋ 　仮受消費税等）× 100/110	①	【積上げ計算】 　インボイス等に記載された消費税額の合計額× 78/100
	②	【帳簿積上げ計算】 　帳簿に記載した消費税相当額の合計額× 78/100 ※　課税仕入れの都度、端数処理（切捨て又は四捨五入）した後の課税仕入れに係る消費税相当額を帳簿に記載している場合
	③	【割戻し計算】 　税率の異なるごとに区分して合計した課税仕入れに係る支払対価の額× 7.8/110
【積上げ計算】 　インボイス等に記載した消費税額等の合計額× 78/100 ※　「インボイス」又は「税額記載のある簡易インボイス」の写しを保存している場合	④	【積上げ計算】
	⑤	【帳簿積上げ計算】
	✖	【割戻し計算】
【割戻し計算】と【積上げ計算】を併用	⑥	【積上げ計算】
	⑦	【帳簿積上げ計算】
	✖	【割戻し計算】

※　税率 10% の取引のみであることを前提とした例
※　消費税額及び控除対象消費税額は国税分のみの計算

（出典：週刊税務通信 No.3650）

02 仕入税額の計算

> **❝ 仕入税額の積上げ計算は面倒くさい ❞**

売上税額に積上げ計算が少しでも入るなら仕入税額の計算も積上げ計算ってことか。

実務としては積上げ計算はかなり面倒だよ。

コンビニのお客さんで、売上税額を積上げ計算しているけれど、本部の方で計算してくれるから全然大変じゃないですよ？

売上税額はよくても、インボイス制度がスタートしたら仕入税額も積上げ計算をしなくちゃいけなくなる。受け取ったレシートや請求書、一枚一枚に書いてある消費税額と会計システムへの入力値を合わせないといけない。

〈領 収 書〉

天然水	＊¥105
ノート	¥187
レジ袋	¥3

合計	¥295
（10％対象	¥190）
（ 8％対象	¥105）
（内消費税等	¥24）

お預り	¥305
お釣り	¥10

お買上明細は上記のとおりです。

＊マークは軽減税率対象です。

消費税の端数計算で、会計システムの設定が四捨五入の場合、10% 税率対象の消費税額等は 190 × 10/110 ＝ 17.2727……で 17 円、8% 税率対象の消費税額等は 105 × 8/108 ＝ 7.7777……で 8 円。合計で 25 円だけど、レシートの消費税額等は 24 円。1 円ズレてしまう。

どうすればいいんだろ？

8 円となってしまった部分を 7 円に、会計システムの入力値をいちいち手で直すんだよ。

えー！　めんどくさい！

たいてい、レシートや請求書の消費税端数は切捨てだから、会計システムの設定を切捨てにしておけば、ほぼ一致してくるとは思うけどね。

とはいっても、一枚一枚、一致しているかを確認しなくちゃいけないんですよね？

そういうことになるよね。

なにこれ、無理ゲーでしょ 🍃

しかもこれ、売上税額積上げ、仕入税額割戻しの組み合わせがダメって言ってるのは通達ベースなんだよね。

> **インボイス通達3－13（課税標準額に対する消費税額の計算）**
>
> （注）2　その課税期間に係る法第45条第1項第2号に掲げる課税標準額に対する消費税額の計算につき、適格請求書等積上げ方式による場合（総額割戻し方式と適格請求書等積上げ方式を併用する場合を含む。）には、法第30条第1項《仕入れに係る消費税額の控除》に規定する課税仕入れに係る消費税額の計算につき、令第46条第3項《課税仕入れに係る支払対価の合計額から割戻す方法による消費税額の計算》に規定する計算の方法によることはできない。

通達なの!?　なんで現行制度みたいに売上税額は積上げ計算で、仕入税額は割戻し計算を選んじゃだめなのかな。

インボイス制度は、インボイスに記載された税額で控除するのが基本スタンスだからだろうね。でも、竹橋くんのいうように、これは本当に実務上大変。そこで、こんな便利なものが用意されているよ。「帳簿積上げ計算」。

66 帳簿積上げ計算 99

帳簿積上げ計算は、ほぼ税抜経理方式。課税仕入れの都度、課税仕入れに係る支払対価の額に110分の10（軽減税率の対象となる場合は108分の8）を乗じて算出した金額を仮払消費税額等として、帳簿に記載している場合は、その金額の合計額に100分の78を掛けて算出する方法（国税庁Q&A問108）。

え、それ、割り戻してますよね？

僕もそう思うんだけど、帳簿「積上げ」って名前がついてるんだよね。課税仕入れの都度、割戻しで仮払消費税等を認識しているならそれを積上げ計算と認めるってなっている。

一枚一枚インボイスと消費税額が一致しているか確認しなくていいのは実務的にはありがたいけどなんか不思議。

「その都度割戻し帳簿記載額計算」と呼んだ方がしっくりくる気がするわ。

確かに（笑）。でも、そこに焦点を当てずに、その都度割り戻した仮払消費税等を「帳簿上積み上げて仕入税額とする」というところに焦点をあてて、帳簿「積上げ」計算。

仮払消費税等を認識、ということは税抜経理が前提ですか？

おそらくそうなんじゃないかな。あと、期末一括税抜経理方式という方法が採れるシステムもあるらしいんだけど、絶対ダメ。「消費税法等の施行に伴う法人税の取扱いについて」という通達の４に書いてある。「積上げ」はあくまでも一回一回を積上げだから。

課税仕入れの都度、ということは、納品された都度？

インボイスをベースに考える。インボイスを受け取ったときに、インボイスを単位として帳簿に仮払消費税額等として計上している場合のほか、課税期間の範囲内で一定の期間内に行った課税仕入れにつき、まとめて交付を受けたインボイスを単位として帳簿に仮払消費税額等として計上している場合も該当するよ。

これに加えて、インボイスではない納品書又は請求書を単位として計上することや継続的に買い手の支払基準といった合理的な基準による単位により計上しても OK となった（国税庁Q&A 問 108）。

 インボイスじゃなくていいんですか？

そうなんだよ。P14 でも少し説明したけれど、国税庁Q&A の令和 4 年 11 月改訂で大きく変わったところだね。

 帳簿積上げ計算ならなんとかなりそう。

一応、積上げ計算と帳簿積上げ計算は併用可能だよ（国税庁Q&A 問 108、インボイス通達 4−3）。

 い、いや、いいです、帳簿積上げ計算だけで 💧

 せっかく特例があるんですもの、ありがたく使わせていただきます 💧

66 帳簿積上げ計算の端数処理 99

帳簿積上げ計算の場合、気を付けたいのは、端数処理は切捨てか四捨五入のどちらかだけなんだ。切上げは選べないから気を付けて。

新消費税法施行令第 46 条第 2 項

　事業者が、その課税期間に係る前項各号に掲げる課税仕入れについて、その課税仕入れの都度、課税仕入れに係る支払対価の額に 110 分の 10（当該課税仕入れが他の者から受けた軽減対象課税資産の譲渡等に係るものである場合には、108 分の 8）を乗じて算出した金額（**当該金額に 1 円未満の端数が生じたときは、当該端数を切り捨て、又は四捨五入した後の金額**）を法第 30 条第 7 項に規定する帳簿に記載している場合には、前項の規定にかかわらず、当該金額を合計した金額に 100 分の 78 を乗じて算出した金額を、同条第 1 項に規定する課税仕入れに係る消費税額とすることができる。

どうして切上げは選べないのかしら？

うーん、売り手は大抵の場合切捨てを選択しているし、切上げにすると仕入税額が増えて納税額が減少しちゃうからかな。帳簿積上げじゃなくて純粋な積上げ計算でも、公共交通機関特例みたいなインボイスがなくても仕入税額控除できる取引は割り戻して計算することになるんだけど、この時も切上げは選べないね（国税庁 Q&A 問 110）。

新消費税法施行令第 46 条第 1 項第 6 号

六　第 49 条第 1 項第 1 号イからニまでに掲げる課税仕入れ　課税仕入れに係る支払対価の額（法第 30 条第 8 項第 1 号ニに規定する課税仕入れに係る支払対価の額をいう。以下この章において同じ。）に 110 分の 10（当該課税仕入れが他の者から受けた軽減対象課税資産の譲渡等に係るものである場合には、108 分の 8）を乗じて算出した金額（当該金額に 1 円未満の端数が生じたときは、当該端数を切り捨て、又は四捨五入した後の金額）

03 積上げ計算を選択する場合の注意点

" 課税期間をまたぐインボイスで積上げ計算の場合 "

実務ではこんなのもあるよね、というのが、月末締めではない請求書。

 ありますね。決算のとき面倒なんだよなあ。

3月決算法人の場合
20日締め請求書発行だと4月分請求書は3月21日から4月20日分

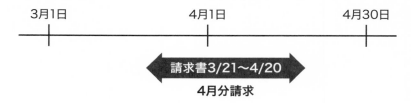

まずは売り手側。3月決算法人で、3月21日から4月20日の請求書を発行している場合、どうするかなんだけど、積上げ計算の場合は3月21日から3月31日までにかかる消費税額を区分してインボイスに記載する必要がある。

 その月だけ様式を変えないといけないんですね。

売上税額の計算は、積上げ計算と割戻し計算の併用が認められているから、この期間だけ積上げ計算を諦めて割戻し計算で計算するのもアリだよ（国税庁 Q&A 問 107）。

3月21日から3月31日分と4月1日から4月20日分を、インボイスの記載事項を満たすようにそれぞれ分けて書いていれば、税込対価の額から算出した消費税額等をインボイスの消費税額等とすることができるよ。

なんかすごいことになってるな 💧
しっかり制度を理解していないとついていけなくなりそう。

この場合でも、売上税額で積上げ計算を採用しているわけだから、仕入税額も積上げ計算じゃなきゃダメだから気を付けて。

今度は買い手側。積上げ計算は当期と翌期の消費税額についてそれぞれの期間の取引にかかる消費税額を算出して、それぞれの期間で積上げ計算しなきゃいけないから、何か合理的な割合で按分して計算するしかないよね。

まさか取引先に、うち決算だから3月末まで分を出し直してとも言えないですものね。

インボイスに書いてある消費税額と一致していれば大丈夫だと思うよ。帳簿積上げ計算ならそこも気にしなくて大丈夫だし（国税庁 Q&A 問 111）。

絶対帳簿積上げ計算でやりたい！

あと決算期絡みだと、水道光熱費とか機械の保守点検のような インボイス発行事業者から継続して行われる取引で、期末まで に支払対価が確定しない場合、金額が確定したときに交付され るインボイスを保存することを条件として、見積もった額で仕 入税額控除していいとなっている（国税庁 Q&A 問 86）。

確定した対価の額が見積額と違ったときは、確定仕入税額と見 積仕入税額の差額を確定した日の属する課税期間の仕入税額に 加算又は減算するよ。

04 簡易インボイス

簡易インボイスで積上げ計算

ここまで説明すれば簡易インボイス（適格簡易請求書）について説明ができるね。簡易インボイスを交付する場合、売上税額で積上げ計算したい場合は気を付けないといけないんだけど、まずは簡易インボイスについて。

簡易インボイスを交付できる事業

① 小売業
② 飲食店業
③ 写真業
④ 旅行業
⑤ タクシー業
⑥ 駐車場業（不特定かつ多数の者に対するものに限ります。）
⑦ その他これらの事業に準ずる事業で不特定かつ多数の者に資産の譲渡等を行う事業

（出典：国税庁 Q&A 問24）

これらに該当するなら、インボイスに代えて、簡易インボイスを交付できる。「書類の交付を受ける事業者の氏名又は名称」の記載が不要、「税率ごとに区分した消費税額等」又は「適用税率」のいずれか一方の記載で足りるというところがインボイスとの違いだね。

簡易インボイスの記載事項

① 適格請求書発行事業者の氏名又は名称及び登録番号
② 課税資産の譲渡等を行った年月日
③ 課税資産の譲渡等に係る資産又は役務の内容（課税資産の譲渡等が軽減対象資産の譲渡等である場合には、資産の内容及び軽減対象資産の譲渡等である旨）
④ 課税資産の譲渡等の税抜価額又は税込価額を税率ごとに区分して合計した金額
⑤ 税率ごとに区分した消費税額等又は適用税率（※）
※「税率ごとに区分した消費税額等」と「適用税率」を両方記載することも可能です。

（出典：国税庁 Q&A 問49）

66 売上税額を積上げ計算したい！ 99

ここで気になるのが「⑤税率ごとに区分した消費税額等又は適用税率」。「又は」だからどっちかでいい。いいんだけど、「適用税率」を記載することにした場合、消費税額等の記載がないから、積上げ計算ができなくなるんだ（国税庁 Q&A 問 101）。

小売りは積上げ計算が有利なので積上げ計算を使いたいですよね。それなら絶対に消費税額等の表示にしないと。

タクシーだって売上税額の計算は積上げ計算が有利になるけど、今のメーターで出せる領収書に消費税額を書くのは大変だから、「10％対象」ってハンコを押して使うという手があるじゃない？　これだと売上税額の計算に積上げ計算が使えないね。

確かに。
でも、レシートを渡す度に消費税額を書くのは大変だわ。

積上げ計算を選ぶ場合、国税庁 Q&A 問 100 の表に「相手方に交付した適格請求書等の写しを保存している場合」って書いてありますよね（P132 参照）。小売店で「レシートいらないよ」と言われてしまったり、そもそも「ちょうだい」と言われたときしかインボイスを交付していないときはどうなっちゃうんだろう？

インボイスや簡易インボイスの写しを保存しているなら OK なんだ（国税庁 Q&A 問 102）。「写し」といっても交付した書類そのものの複写である必要もないし、インボイスの記載事項が確認できる程度の記載がされていればいい（国税庁 Q&A 問 68）。

レジのジャーナルでも大丈夫なんですね。

そうだね。委託販売で、媒介者交付特例の場合、コピーが大量になってしまうといった理由でインボイスの写しそのものを受託者からもらえない場合、精算書の交付でもいいとされているけれど、この場合、精算書に書かれた消費税額等をベースに積上げ計算できるし（国税庁 Q&A 問 104）。

わかる資料があればいいよ、って感じですね。

66 簡易インボイスの仕入税額控除 99

今度は簡易インボイスを買い手の立場から見てみよう。売上税額を積上げ計算すると自動的に仕入税額も積上げ計算となる。受け取った簡易インボイスが消費税額等の記載がないタイプだった場合どうするか。

消費税額等がないから仕入税額で積上げ計算できない、ってことかしら？

 公共交通機関特例で、インボイス交付が免除されているものは消費税額等の記載がないけれど、税込金額に 110 分の 10 を掛けて出した額を使っていいんだったよね？

 そうだったわ、このとき、1 円未満の端数は切捨てか四捨五入で、切上げはダメなのよね（国税庁 Q&A 問 110）。簡易インボイスも同じかしら。

でも、簡易インボイスの場合、条文には「1 円未満の端数が生じたときは、当該端数を処理するものとする。」とあるだけ。

新消費税法施行令第 46 条第 1 項第 2 号

　適格簡易請求書（法第 57 条の 4 第 2 項に規定する適格簡易請求書をいう。以下同じ。）の交付を受けた課税仕入れ　当該適格簡易請求書に記載されている同項第 5 号に掲げる消費税額等（当該適格簡易請求書に当該消費税額等の記載がないときは、当該消費税額等として第 70 条の 10 に規定する方法に準じて算出した金額）のうち当該課税仕入れに係る部分の金額

新消費税法施行令第 70 条の 10

　法第 57 条の 4 第 1 項第 5 号に規定する政令で定める方法は、次の各号に掲げる方法のいずれかとする。この場合において、当該各号に掲げる方法により算出した金額に 1 円未満の端数が生じたときは、当該端数を処理するものとする。

一　法第 57 条の４第１項第４号に規定する課税資産の譲渡等に係る税抜価額を税率の異なるごとに区分して合計した金額に 100 分の 10（当該合計した金額が軽減対象課税資産の譲渡等に係るものである場合には、100 分の８）を乗じて算出する方法

二　法第 57 条の４第１項第４号に規定する課税資産の譲渡等に係る税込価額を税率の異なるごとに区分して合計した金額に 110 分の 10（当該合計した金額が軽減対象課税資産の譲渡等に係るものである場合には、108 分の８）を乗じて算出する方法

公共交通機関特例の条文のところみたいに「１円未満の端数が生じたときは、当該端数を切り捨て、又は四捨五入した後の金額」（P139 参照）とはなっていないから、切上げも選べるんだよ。

選べちゃうんだ…。

66 売上税額の計算に積上げ計算をすべきか？ 99

有利なら社長たちはやりたいって言うと思うんだよね。

ですよねー（遠い目）。

選べる、ってことはシミュレーションが必要ですか？

ちょっとやってみようか。

【前提】
1回当たりの販売価格500円
（消費税額45円（500円×10/110＝45.4545……円→45円（1円未満の端数切捨て））の商品を45万回販売する。

税込売上高
　販売価格500円（税込）×450,000回（個）＝225,000,000円

（1）積上げ計算の場合の消費税額
　　45円×450,000回（個）＝20,250,000円
（インボイスに記載された消費税額等45円を450,000回積み上げた金額）

（2）割戻し計算の場合の消費税額
　　225,000,000円（税込売上高）×100/110
　　＝204,545,454.545……円
　　→204,545,000円（千円未満切捨て）
　　204,545,000円×10％＝20,454,500円

差は204,500円。大きいな 🍂

客単価500円、レジの回数が1日1,000回を超えるコンビニで考えたんだけど。ファストフード店なんかも、客単価が小さくてレジの回数が多いから積上げ計算が有利だよね。でも、街の飲食店だとどうかな？

【前提】
1回当たりの販売価格5,000円
（消費税額454円（5,000円 × 10/110 ＝ 454.5454…… 円
→ 454円（1円未満の端数切捨て））の商品を6,000回販売する。

税込売上高
　販売価格5,000円（税込）× 6,000回（個）＝ 30,000,000円

（1）積上げ計算の場合の消費税額
　　454円× 6,000回（個）＝ 2,724,000円
（インボイスに記載された消費税額等454円を6,000回積み上げた金額）

（2）割戻し計算の場合の消費税額
　　30,000,000円（税込売上高）× 100/110
　　＝ 27,272,727.272……円
　　→ 27,272,000円（千円未満切捨て）
　　27,272,000円× 10％＝ 2,727,200円

差は3,200円。

ついでに、個人タクシーの場合もちょっと考えてみようか。
さっきのコンビニと比較しやすいようにちょっと安めの金額
設定だけど。

1 回当たりの販売価格 500 円
(消費税額 45 円(500 円 × 10/110 = 45.4545……円 → 45 円(1 円未満の端数切捨て))
月 25 日、年 300 日営業 × 40 回= 12,000 回

税込売上高
　販売価格 500 円(税込)× 12,000 回= 6,000,000 円

(1) 積上げ計算の場合の消費税額
　　45 円 × 12,000 回(個) = 540,000 円
(インボイスに記載された消費税額等 45 円を 12,000 回積み上げた金額)

(2) 割戻し計算の場合の消費税額
　　6,000,000 円(税込売上高)× 100/110 = 5,454,545.45……円
　　→ 5,454,000 円(千円未満切捨て)
　　5,454,000 円 × 10% = 545,400 円

差は 5,400 円。これだったら、無理して積上げ計算することもないわね。

そうだね。仕入税額の計算が引きずられて積上げ計算になっちゃうのは避けたい。

まあ、今の例でいくと簡易課税が使えるから仕入税額の計算の労力はかからないけれどね。

簡易課税が使えるんですね。

インボイス通達の3−13では、売上税額の計算は割戻し計算が原則だけど積上げ計算もできるし併用もできる、と書いてあって、その下にこうあったでしょ。

インボイス通達3−13

（注）2 その課税期間に係る法第45条第1項第2号に掲げる課税標準額に対する消費税額の計算につき、適格請求書等積上げ方式による場合（総額割戻し方式と適格請求書等積上げ方式を併用する場合を含む。）には、法第30条第1項《仕入れに係る消費税額の控除》に規定する課税仕入れに係る消費税額の計算につき、令第46条第3項《課税仕入れに係る支払対価の合計額から割戻す方法による消費税額の計算》に規定する計算の方法によることはできない。

売上税額が積上げ計算のときに消費税法第30条の仕入税額控除の場合に仕入税額の割戻し計算はできない、と書いてあるだけで、簡易課税が書かれている消費税法第37条には言及していないんだ。37条は変わっていないから積上げ計算のとき簡易課税を使ったらダメなんて書いてないし。

 簡易課税は課税標準額に対する消費税額から仕入税額控除の計算をする、つまり売上税額をもとに計算をするから、積上げ計算とか割戻し計算とかの後の話ですもんね。

コンビニとか、レジの回数も売上げも大きいところならともかく、簡易課税の規模じゃあそんなに影響もないだろうからね。

エピローグ

インボイス、かなり複雑ですね。

僕たちの負担が増えるのは間違いないよね。

最後にもう1つ。令和5年度税制改正で、免税事業者がインボイス発行事業者になるために課税事業者になったなら、令和5年10月1日から令和8年9月30日までの日の属する各課税期間において、売上税額の2割を納めればいいとする経過措置ができたんだ。

なんだか簡易課税みたいだな。

たとえば…
課税売上高 880 万円の場合（標準税率とする）

売上税額 $880 万 \times \dfrac{10}{110} = 80 万円$　$80 万円 \times 80\% = 64 万円$

納税額　$80 万円 - 64 万円 = 16 万円$

本当ね。第1種以外は、簡易課税よりもこっちで計算した方が有利になるわね。

そうすると、本則、簡易、２割特例の３つ、シミュレーションが必要ということか。

この２割特例は、令和５年 10 月１日前から課税事業者選択届出書を出して課税事業者となっている場合は適用ないよ。

たとえば個人で、インボイス制度が始まったらどうせ課税事業者になるからと令和５年 10 月を待たずに、令和５年１月から課税事業者となっていた場合使えないんですか？

その場合、令和５年 10 月１日の属する課税期間中に課税事業者選択不適用届出書を提出すれば当該課税期間から課税事業者選択届出書は効力を失うよ。

それなら、令和５年 10 月１日前から課税事業者を選択してる、ってならないから２割特例が使えるね。

２割特例を適用できる期間は、令和５年 10 月１日から令和８年９月 30 日までの日の属する各課税期間。

免税事業者である個人事業者が令和５年 10 月１日から登録を受ける場合には、令和５年分（10 〜 12 月分のみ）の申告から令和８年分の申告までの計４回の申告が適用対象。

① 個人事業者

・個人事業者は、**令和5年10〜12月の申告から令和8年分の申告まで
の4回分の申告**において適用が可能。

R5.10登録

| R5.1 | | R6.1 | R7.1 | R8.1 | R9.1 | R10.1 |

① ② ③ ④

特例適用可

免税事業者である3月決算法人が令和5年10月1日から登録
を受ける場合には、令和6年3月決算分（10月〜翌3月分のみ）
から令和9年3月決算分までの計4回の申告が適用対象だよ。

② 法人（3月決算の場合）

・3月決算法人は、**令和5年10〜翌3月の申告から令和8年度の申告
まで**の**4回分の申告**において適用が可能。

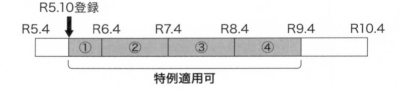

R5.10登録

| R5.4 | | R6.4 | R7.4 | R8.4 | R9.4 | R10.4 |

① ② ③ ④

特例適用可

これは初年度に使ったらそのまま4回2割特例を使わないと
いけないんですか？

いや、申告ごとに有利判定をして、簡易を出しているなら簡易
か2割特例か、簡易を出していないなら本則か2割特例かを
選べるよ。簡易みたいな届出も必要ない。申告書に2割特例の
適用を受ける旨を付記することで適用できる。

気を付けて欲しいのが、毎年2割特例を使えるか確認しなきゃいけないってところ。基準期間の売上げによって課税事業者になるならその課税期間は使えない。

・**2年前の課税売上高が1,000万を超える課税期間（年）がある場合、**
その課税期間は、適用対象外。

R5.10登録

| R5.1 | R6.1 | R7.1 | R8.1 | R9.1 | R10.1 |

① ② ③ 特例適用不可

（1,000万円以下）（1,000万円超）

例えば、個人の免税事業者や12月決算法人が、インボイス制度スタートと同時に簡易課税制度選択届出書を出してしまっているけれど、設備投資をしたとかで簡易課税よりも本則課税を選択したい場合、令和5年12月31日までに取下書を提出することで簡易課税制度選択届出書を取り下げることができる。

 取下書？

簡易課税制度選択届出書を提出可能な期限までは取下げが可能とされている。インボイス制度スタートと同時に簡易課税制度選択届出書を出しているなら個人の免税事業者や12月決算法人の場合は、令和5年12月31日まで簡易課税制度選択届出書の提出が可能だから、令和5年12月31日まで取下書を出せる。様式は特にないから、こんな感じのものを自分で作って出せばいい。

簡易課税制度選択届出書の取下書

〇〇　税務署長　殿

令和〇〇年〇〇月〇〇日

法 人 番 号：〇〇〇〇〇〇〇〇〇
本 店 所 在 地：〇〇〇〇〇〇〇〇〇〇
電 話 番 号：〇〇－〇〇〇〇－〇〇〇〇
商　　　　　号：株式会社〇〇〇〇
代 表 取 締 役：〇〇　〇〇　㊞

記

令和5年3月1日にe-Taxにより提出しました下記書類を取り下げます。

「簡易課税制度選択届出書」

取下げ書面については、廃却して下さいますようお願いします。
尚、参考資料として当該取下げ書面の控えを添付させて頂きます。

以上

 どんどん新しいことが追加されて、ほんとにわけわからくなりそう。

 お客様の状況によって、気を付けるところが違い過ぎるわね。

恒久的措置と経過措置を分けるといい。届出の期限、免税事業者からの仕入れ8割（5割）仕入税額控除、2割特例、少額特例。このあたりの要件と適用期間をしっかり押さえる。あとは恒久的措置だから、ってなれば少し整理がつくんじゃないかな。

なるほど、そうですね。注意点が多いわけだし、イレギュラーなものを押さえた方がいいかも。

経過措置は期限があるし、使えるなら使った方が有利になるから、ちゃんと使わないとお客様の不利になってしまいますものね。

そうだね。
整理が終わったらお客様の状況に落とし込んでいこうか。

【経過措置】
・免税事業者の登録に関する経過措置

　令和5年10月1日から令和11年9月30日までの日の属する課税期間においては、課税期間の途中であっても登録日からインボイス発行事業者になることができ、課税事業者選択届出書の提出は不要。

　令和5年10月1日の属する課税期間に登録した場合、2年縛りはないが、「課税事業者選択届出書」を提出した事業者とのバランスを考慮し、令和5年10月1日の属する課税期間の翌課税期間以後は、「課税事業者選択届出書」を提出した事業者と同様に、登録日から2年を経過する日の属する課税期間までは事業者免税点制度を適用しない（2年縛り）。

　この経過措置が終了すると課税事業者選択届出書の提出が必要となり、課税期間の途中からの登録はできなくなる。

・簡易課税制度選択届出書の提出時期の特例

　免税事業者の登録に関する経過措置の適用を受けて課税期間の途中からインボイス発行事業者の登録を受けた事業者が、令和5年10月1日から令和11年9月30日までの日の属する課税期間中に、その課税期間から適用を受ける旨を記載して簡易課税制度選択届出書を提出した場合には、その課税期間の初日の前日に提出したものとみなして、その課税期間から簡易課税制度を適用できる。

　この特例が終了すると適用したい課税期間の初日の前日までに簡易課税制度選択届出書を出さなくてはならない（原則通り）。

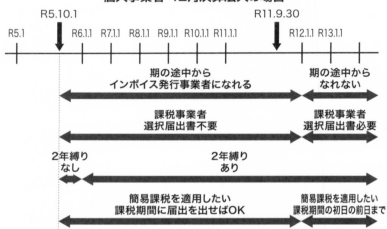

個人事業者・12月決算法人の場合

・免税事業者からの仕入れに対する仕入税額控除の経過措置

　記載事項を満たした帳簿と請求書等の保存の要件を満たせば、下記期間中の課税仕入れ等は一定割合を控除できる。

令和5年10月1日から令和8年9月30日まで
「仕入税額相当額の80%」
令和8年10月1日から令和11年9月30日まで
「仕入税額相当額の50%」

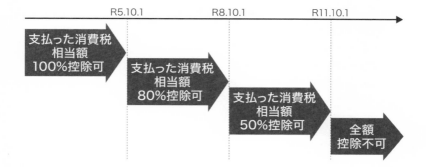

・2割特例（小規模事業者に係る税額控除に関する経過措置）

インボイス制度の開始を機に免税事業者から、インボイス発行事業者として課税事業者になった者は、令和5年10月1日から令和8年9月30日までの日の属する各課税期間において、事前の届出は必要なく、消費税の確定申告書に2割特例の適用を受ける旨を付記することで納付税額を売上税額の2割とする適用を受けることができる。

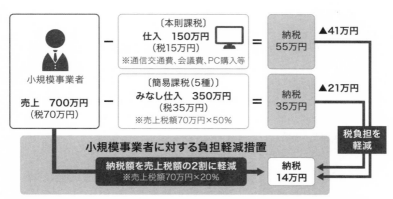

※　負担軽減措置の適用に当たっては、事前の届出を求めず、確定申告書にその旨を付記することにより選択適用できることとする。

2割特例の適用対象期間

① 個人事業者

・個人事業者は、**令和5年10〜12月の申告から令和8年分の申告まで**の**4回分の申告**において適用が可能。

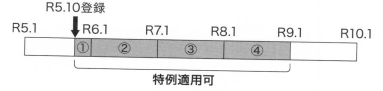

② 法人（3月決算の場合）

・3月決算法人は、**令和5年10〜翌3月の申告から令和8年度の申告まで**の**4回分の申告**において適用が可能。

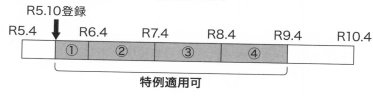

・**少額特例（一定規模以下の事業者に対する事務負担の軽減措置）**

基準期間における課税売上高が1億円以下又は特定期間における課税売上高が5,000万円以下の事業者が、令和5年10月1日から令和11年9月30日までの期間に行う税込1万円未満の課税仕入れについては、インボイスの保存がなくとも一定の帳簿を保存することによって仕入税額控除が認められる。

例：令和11年1月1日から令和11年12月31日までの課税期間の インボイスの要否（個人事業者の場合）

66 著者紹介 99

高山　弥生（たかやま　やよい）

　税理士。ベンチャーサポート相続税理士法人所属。1976 年埼玉県出身。

　一般企業に就職後、税理士事務所に転職。顧客に資産家を多く持つ事務所で
あったため、所得税と法人税の違いを強く意識。「顧客にとって税目はない」を
モットーに、専門用語をなるべく使わない、わかりやすいホンネトークが好評。

　自身が税理士事務所に入所したてのころに知識不足で苦しんだ経験から、にほ
んブログ村の税理士枠で常にランキング上位にある人気ブログ『3 分でわかる！
会計事務所スタッフ必読ブログ』を執筆している。

　著書に『税理士事務所に入って 3 年以内に読む本』『税理士事務所スタッフが
社長と話せるようになる本』『税理士事務所スタッフは見た！　ある資産家の相
続』『個人事業と法人　どっちがいいか考えてみた』『フリーランスの私、初めて
確定申告してみた』『消費税 & インボイスがざっくりわかる本』『とりあえず法人
税申告書が作れるようになる本』（税務研究会出版局）がある。

『3 分でわかる！会計事務所スタッフ必読ブログ』
はこちらから▶

本書の内容に関するご質問は、税務研究会ホームページのお問い合わせフォーム（https://www.zeiken.co.jp/contact/request/）よりお願いいたします。なお、個別のご相談は受け付けておりません。

本書刊行後に追加・修正事項がある場合は、随時、当社のホームページ（https://www.zeiken.co.jp）にてお知らせいたします。

〈改訂版〉インボイスの気になる点がサクッとわかる本

令和5年4月15日　改訂版第1刷印刷
令和5年4月25日　改訂版第1刷発行

（著者承認検印省略）

©著者　　　　　高 山 弥 生

発行所　　　　税 務 研 究 会 出 版 局

週 刊 「税務通信」 発行所
　　　「経営財務」

代表者　　　　山 根　　毅

〒100-0005
東京都千代田区丸の内1-8-2　鉄鋼ビルディング
https://www.zeiken.co.jp

乱丁・落丁の場合は、お取替え致します。

イラスト　夏乃まつり
印刷・製本　テックプランニング株式会社

ISBN978-4-7931-2743-4

消費税関係

《2023年3月1日現在》

〔十一訂版〕実務家のための 消費税実例回答集

木村 剛志・中村 茂幸 編／A5判／1136頁

定価 **8,250** 円

実務に役立つ事例を吟味して掲載し、消費税導入に直接携わった編者が的確な回答を行っています。今回の改訂では、前版発行後の平成27年4月以降の改正を織り込み、また、居住用賃貸建物の仕入税額控除や非居住者に対する委託販売等の輸出免税の問題、簡易課税の事業区分に関するものなど、新規事例を約40問追加し、全686問を収録。**2022年6月刊行**

〔八訂版〕勘定科目別の事例による 消費税の課否判定と仕訳処理

上杉 秀文 著／A5判／808頁

定価 **5,280** 円

勘定科目別に選定した事例を基に仕訳処理を示し、関連する法人税、所得税等の取扱いも含めてわかりやすく解説。今回の改訂では、居住用賃貸建物に係る仕入税額控除不適用の取扱い、インボイス制度の導入に伴う80%控除等の経過措置の取扱い等、新たな事例を18追加し、総数872事例を収録。**2022年6月刊行**

租税争訟からみる 消費税の判断ポイント

杉村 博司 著／A5判／248頁

定価 **2,750** 円

元国税訟務官であり、長年消費税の現場に携わってきた著者が、消費税に関する裁判例・裁決例の中から具体的な45の事例を取り上げ、課税関係の判断基準を中心に解説。判決要旨を紹介し、事実関係等を明らかにした上で、その判決や裁決の決め手になった論点、ひいては消費税の課税関係において迷いやすい点・誤りやすい点に関する判断ポイントをわかりやすく解説。**2022年7月刊行**

税理士事務所における インボイス・電子帳簿の実務対応

永橋 利志 著／A5判／152頁

定価 **2,420** 円

令和5年10月にインボイス制度がスタートした際の取引に係る記帳方法や税務調整について注意点をあげて説明するとともに、インボイス導入後の実務上の留意点を取り上げています。また、電子帳簿保存については、3つの柱である電子帳簿保存、スキャナ保存、電子取引のポイントをまとめ、税理士事務所や関与先が知っておきたい対応方法についてわかりやすく解説しています。**2023年1月刊行**

税務研究会出版局 https://www.zeiken.co.jp/

※ 定価は10%の消費税込みの表示となっております。

法 人 税 関 係

《2022 年 7 月 1 日現在》

〔令和4年度改正版〕電子帳簿保存法対応
電子化実践マニュアル

SKJコンサルティング合同会社 編・袖山 喜久造 監修
A5判／472頁 　　　　　　　　　　　　　　　定価 **3,850** 円

単なる電帳法の説明ではなく、税法に準拠した適正な業務の実践的な電子化を解説し、業務処理と記録管理の実施を解説しています。「紙の伝票や帳簿に記載する基本原則」から「電子的な伝票や帳簿にデータを入力する基本原則」へのスムーズな対応について、経理の最前線で日々コンプライアンスと業務効率化のために格闘されている第一線の方々に是非ご活用いただきたい実務書です。 **2022 年 6 月刊行**

組織再編税制との比較でわかる
グループ通算制度の基本

樗林 一典 著／A5判／196頁 　　　　　　　　　定価 **2,420** 円

グループ通算制度の基本的な項目を解説するとともに、組織再編税制の取扱いとの比較も可能な限り行い、組織再編税制の考え方を手掛かりとすることにより、グループ通算制度の各規定が理解できるよう説明しています。グループ通算制度の選択を検討・予定する会社関係者、税理士、公認会計士及びコンサルタントの方々に最適の一冊です。 **2022 年 1 月刊行**

経理プロフェッショナルのための
法人税品質管理マニュアル

太陽グラントソントン税理士法人 編／A5判／428頁 　定価 **4,950** 円

税務コンプライアンスの観点から、経理担当者が日々の税務処理や法人税の申告実務を行う上で心得ておくべき法人税に関するリスク要因となる論点をピックアップし、取引形態別に分類してその論点に付随する解説を行っています。実務上ミスをしやすい(ヒヤリハット)、税務調査で指摘されやすい論点などは、Q&A形式にまとめ、実務上の留意点とともに記載しています。 **2022 年 6 月刊行**

〔令和4年度版〕法人税申告書
別表四、五(一)のケース・スタディ

成松 洋一 著／B5判／624頁 　　　　　　　　　定価 **3,520** 円

実務目線で法人税申告書別表四、別表五(一)で申告調整が必要となるケース(売上計上もれや仕入計上時期の誤り、租税公課の処理など)を具体例に即して説明した好評書の令和4年度改訂版です。グループ通算制度の適用に伴う申告調整事例などを多数追加し、実務に必要な申告調整事項について295の事例で詳しく解説しています。 **2022 年 6 月刊行**

税務研究会出版局 https://www.zeiken.co.jp/

※ 定価は10%の消費税込みの表示となっております。

法人税（減価償却）関係 ——

《2022年7月1日現在》

〔改訂版〕
実務家のための 減価償却資産等の留意点
～取得、資本的支出・修繕費、除却～

山下 雄次 著／A5判／216頁　　　　　　定価 **2,200** 円

減価償却資産の取得から使用時の問題、そして最終的な処分に至るまでのストーリーに応じた課税上のテーマを取り上げ、税務調査で問題になりやすい「取得価額」の決定、「事業供用日」や「資本的支出と修繕費」の判定、「除却」を巡る税務上の留意点、さらに今回の改訂では「取得時」に必須のテーマを追加して基本的な考え方から整理し、多くの事例を用いてわかりやすく解説。　**2022年7月刊行**

即戦力への道
武装 減価償却

あいわ税理士法人 編／A5判／192頁　　　　定価 **1,980** 円

減価償却資産の取得価額に関するルールと、取得価額により異なる取扱い、減価償却の方法と計算の仕方、資本的支出と修繕費、特別償却、圧縮記帳、償却資産税の申告など、減価償却にまつわるあらゆる項目を図解でわかりやすく解説。通常は実務でしか得られない知識・経験がこの一冊で習得できます。（※既刊「減価償却ナビ」を改題）　**2021年3月刊行**

〔改訂第9版〕
実例耐用年数総覧

安間 昭雄・坂元 左・廣川 昭廣 共著／A5判／664頁　　定価 **5,280** 円

多種多様な資産を取り上げ、その資産の法令上の区分や、耐用年数は何年を適用すべきかといった耐用年数表の使い方について323の質疑応答で解説した好評書。耐用年数の基本事項に加えて、減価償却関係届出書や承認申請書、認定申請書の様式や記載方法も収録。　**2017年4月刊行**

〔改訂新版〕
耐用年数通達逐条解説

坂元 左・廣川 昭廣 共著／A5判／386頁　　　定価 **3,300** 円

耐用年数の基本通達ともいうべき「耐用年数の適用等に関する取扱通達」全文について、その趣旨、狙い、関連事項等を逐条的に解説。本版は、平成28年6月28日付改正通達までを織り込み、経済取引等の変化に伴う事項の修正を行った、7年ぶりの改訂版。　**2016年12月刊行**

税務研究会出版局 https://www.zeiken.co.jp/

※ 定価は10%の消費税込みの表示となっております。

人事労務・その他 ——

《2022年7月1日現在》

もっとよくわかる
電子帳簿保存法がこう変わる！

松崎 啓介 著／A5判／266頁

定価 **2,200** 円

電子帳簿保存法の基本的な仕組みから改正の経緯、保存要件まで制度内容を詳細に解説するとともに、実務への影響についても説明しています。新たに電子帳簿等保存制度の導入を検討している法人企業の経理業務に携わる方、個人事業者及び顧問税理士にも役立つ一冊です。 2021年11月刊行

〔改訂増補版〕
DX時代の経理部門の働き方改革のススメ

中尾 篤史 著／A5判／236頁

定価 **2,200** 円

経理部門の業務の中にひそむムダ、ムラ、ムリを減らすための改善策を解説。現場では特に問題意識を持っていない業務の取組み方を例に、改善・効率化するためのテクニックを提示しています。今版では、リモートワーク時の問題点を解消する方法や、DXを取り入れた業務効率化の方法などについて加筆しています。 2021年11月刊行

〔第2版〕
これって個人情報なの？意外と知らない実務の疑問

稲葉 一人・阿部 晋也 共著／A5判／208頁

定価 **2,200** 円

個人情報を取扱う企業の方の実務に役立つ内容を、会話形式でわかりやすくまとめています。第2版では、2020年の個人情報保護法の改正を反映し、仮名加工情報、個人関連情報等新たに追加されたルールの解説、オプトアウトによる第三者提供の改正点についても触れています。一般の方でも不正な利用を未然に防ぐことができるようトラブル例と対処法を掲載しています。 2020年12月刊行

上司と部下のメンタルヘルス・マネジメント対策
テレワークのラインケア／パワハラ法改正対応

松本 桂樹・榎本 正己 共著／A5判／192頁

定価 **2,200** 円

テレワークなどによるトラブルへの対処法、また、パワハラ防止法改正により企業に求められる対応など、昨今の従業員のコミュニケーションやメンタルヘルス対応の問題について、現場対応のツボを押さえた内容です。メンタルヘルス・マネジメント® 検定試験I種合格者向けのメールマガジンをベースに、昨今の事情を加味して解説しています。 2019年3月刊行

税務研究会出版局 https://www.zeiken.co.jp/

※ 定価は10%の消費税込みの表示となっております。

企業会計関係 ――― 《2022年7月1日現在》

経理になった君たちへ
~ストーリー形式で楽しくわかる！仕事の全体像／必須スキル／キャリアパス~

白井 敬祐 著／A5判／304頁 　　　　　　定価 **1,870** 円

「経理部に配属されちゃったけど仕事がよくわからない…」「単純作業の繰り返しで面白くない…」という新人経理の皆さんに、公認会計士YouTuberくろいがストーリー形式で「仕事の全体像」「必須スキル」「キャリアパス」を楽しく解説。豊富な図解と動画で経理の本質を学べます。　　　2022年7月刊行

フローチャートでわかる！
収益認識会計基準

内田 正剛 著／A5判／272頁 　　　　　　定価 **2,420** 円

ベテランから入門者まで幅広く活用できる、「フローチャート」と「用語の言い換え」による「収益認識会計基準のわかりやすい参考書」です。実際の注記事例や設例へのあてはめも行っており、収益認識会計基準や適用指針とあわせて読み進めることで、より理解が深まります。「週刊 経営財務」人気著者による待望の入門書。　2021年12月刊行

いまこそ再認識！
資金繰りとキャッシュフロー

松田 修 著／A5判／202頁 　　　　　　定価 **2,200** 円

資金繰り、キャッシュフローに焦点を当て、資金繰りの基本から資金繰りに関係する各種経営分析、キャッシュフロー計算書の見方、「事業計画書」から「資金繰り予測表」を作成する方法などについて具体的に解説しています。本書を参考にすれば、金融機関からの借入時にも困らない、しっかりした資金繰り表やキャッシュフロー計算書を作成することができます。　2020年12月刊行

「自己株式の実務」完全解説
~法律・会計・税務のすべて~

太田 達也 著／A5判／204頁 　　　　　　定価 **2,420** 円

自己株式の実務については、その法務を理解・整理するとともに、会計処理と税務処理を的確に押さえて対応する必要があります。特に、会計処理と税務処理は異なり、申告書の別表の調整が必要になります。本書では、具体的な設例を多数盛り込み、仕訳や別表の記載方法を詳説しています。自己株式の実務が完結できる総合的な解説書。　2020年10月刊行

税務研究会出版局 https://www.zeiken.co.jp/

※ 定価は10%の消費税込みの表示となっております。